田中真澄

100歳まで働く時代がやってきた

ぱるす出版

はじめに

「一燈を提げて暗夜を行く。暗夜を憂うることなかれ、ただ一燈を頼め」（『言志四録（三）』）

これは『言志四録』の著者・幕末の儒学者・佐藤一斎（1772年〜1859年）の言葉です。

彼は昌平黌の儒官（総長）を務め、当時の儒学者の最高権威者でした。その門下生には、佐久間象山・山田方谷・渡辺崋山・横井小楠などがおり、主な孫弟子には、西郷隆盛・勝海舟・吉田松陰・坂本龍馬・小林虎三郎などが挙げられます。彼の教えは、幕末・維新のほとんどの指導者に大きな影響を与えました。

佐藤一斎は『言志四録』に1133条の名言を書いていますが、この「一燈を…」の言葉は、その中でも最も人口に膾炙《かいしゃ》されている一文です。

とくに1995年以来の不況の下で、多くの日本人がこの言葉に勇気づけられています。

「どんなに真っ暗な闇夜でも提灯を提げて歩けば、足元が明るく道がわかるので、何も心配はいらない」という意味は、「世の中が不透明で先行きが不安な時、自分の生き方がはっきりしていれば、何も恐れることはない」と解釈できるだけに、不況の中で不安を抱いている人にとって、自分の生き方を明確にすることの大切さを気づかせてくれます。

では、ここで言う「生き方」とはどう解釈したらいいのでしょうか。それは人生の正しい歩み方（道）のことです。

どのように人生を歩むべきかを研究するのが「倫理」であり「道徳」です。戦前の家庭や学校教育では、この倫理・道徳が幼い時から教えられました。この「倫理」と「道徳」は同義語と考えていいでしょう。

「倫理」はethics（またはethic）の訳語で、その語源はギリシャ語のethosです。一方、「道徳」はmoralの訳語であり、その語源はラテン語のmoresです。

ethosもmoresももともと「習慣」という意味ですから、この2つの言葉は同義語になります。

日本では、「道徳」は、人が自発的に正しい行動や考え方を促すための内面的な原理であるとし、「倫理」は「倫」が人々の集まりを意味し、「理」は筋目の意味を表わすことから、法律のような決まったルールである外面的な強制力を伴うものを指しますが、最近は、道徳も含めて総括的な言葉として「倫理」と称する傾向があります。

たとえば、病院で患者に新しい方法で手術をする場合、それを認めるかどうかを決める審議委員会は、倫理委員会と称します。これを道徳委員会とは普通言いません。

また、小中学校では「道徳」の科目を教える時間が適正に運用されているかどうかが問われてきています。ここで言う「道徳」の科目は、「善悪をわきまえて正しい行為をなすために守り従わねばならぬ規範を体得させる」ことが目的とされています。

それに対して高校の公民科の「倫理」の時間では、「人として守り行うべき道」や「善悪・正邪の判断において普遍的な規準となるもの」が、どんなものであるかを考えさせることを目的にしています。

この目的の設定の仕方においても、「道徳」と「倫理」の関係を見ることができます。


しかし、ここで再確認しておきたいのは、「道徳」も「倫理」も共に「習慣」が語源であることです。習慣には行動の習慣と考え方の習慣がありますが、この両面において、私たちは常に正しい習慣を身に付けていくために、「道徳」「倫理」を実生活で生かす必要があるのです。単なる知識として知っているだけではだめなのです。

その点、戦後の教育では、「道徳」も「倫理」も知識として教える面が強調され、それを日々の行動や考え方の基本として身に付けさせる面が疎かになっているきらいがあります。

そういう傾向を生んだのは、戦後、日本を占領した連合国軍（実際はアメリカ占領軍）が日本の家族制度と教育制度を根本的に改革した際、道徳・倫理の教育を廃止したことにあります。

１９５２年4月28日、日本は占領状態から脱し、再び主権を回復して独立を果たしましたが、その後も、占領政策として強制的に行われた家族制度と教育制度の変革をそのままにして、それを大きく改正することなく、今日まできてしまいました。

安倍内閣の出現で、やっとこの問題に正面から向き合うようになりましたが、マスコミは戦後の占領政策を良しとする立場から、安倍内閣が進める道徳教育の改正には消極的、いやむしろ否定的な立場を維持しています。ここに戦後の占領政策の後遺症が、未だに強く存続していることが示されています。

その結果、私たち国民も、道徳の基本中の基本である正しい行動と考え方の習慣を、日々、身に付けることに無関心になってきています。むしろそういうことをきちんと指導することに対して、反発する傾向さえ見られます。

この傾向を放置していれば、国民は次第に自分の行為を自分で律する自律力が乏しくなります。自律力が乏しくなれば、自助力のない国民が誕生することになり、何事も他人に頼るという情けない人間の集団が形成されていきます。

そうなれば、国の力は弱くなるばかりです。国の力は国民の一人一人が自助力を発揮してこそ強くなっていくのです。

かつて幕末から明治にかけて、アジア諸国が欧米の列強国の植民地になっていく中で、日本だけは他国の植民地になることなく、明治維新を経て、近代国家として独立を保ち、欧米先進国と肩を並べる国になることができました。

その最大の要因は、当時の日本国民が自助力を身に付け、一人一人が他人に頼ることなく堂々と生きる力（生き方）を持っていたからです。この事実を私たちはもっと誇りに思い、その自助力を保つためにも、自律力を磨いていくことを常日頃心掛けていかねばなりません。それを実行することで、日本人の正しい生き方は確立できるのです。

拙著『百年以上続いている会社はどこが違うのか？』（致知出版社）のあとがきの欄で、サミュエル・スマイルズの『自助論』の冒頭部分を紹介していますが、それを読んだ読者から便りが届き、そこには「もっと私たちは自助力を身に付けることに真剣に取り組む必要があると痛感しました」と記されていました。

その方の心に響いたスマイルズの言葉は次の一文でした。

『どんな厳しい法律を定めても、法律によって怠け者を勤勉にしたり、浪費家を倹約家に変えたり、大酒のみに禁酒させたりすることはできません。自分から行動し、節約し、自己否定をすることでしか、そうした改善が起こるわけはないからです。つまり、権利を増大させることよりも、より良い習慣を身につけることが大切です』

このスマイルズの言葉を、明治時代の日本人は拳拳服膺《けんけんふくよう》したのです。その証拠に『自助論』を翻訳した中村正直の『西国立志編』は福沢諭吉の『学問のすゝめ』と共に、明治時代の2大ベストセラーになり、当時の日本人の大半が読んだと言われています。

ですから、明治時代の日本人は、日本の歴史上で最も優れた国民であったとされ、今日でも奇跡的と思えるような快挙を次々と成し遂げたことは、周知の事実です。

それと同じように、現在の私たちも、人生１００年という新しい時代の到来を迎えて、今までとは全く違った生き方を打ち立てていく必要があります。

そのためには、一体どうしたらいいのか、そのことを論じていくのがこの本の役目なのです。

今から46年前の私が33歳の時のことです。当時、私は日本経済新聞社に勤務して丸10年を経過していました。その時、日経がアメリカ最大の出版社マグロウヒル社と共同出資して日経マグロウヒル社という出版社を設立しました。新会社の社員は全員、日経からの出向社員で構成されることになり、その一員に私も選ばれました。

その頃のアメリカは、今と違って政治・経済・技術の分野で日本よりも先を行っており、日本国内ではアメリカに学べという風潮が強い時代でした。

そんな時でしたから、私はアメリカの会社と事業を共にするとなれば、新しい仕事を通して学ぶことも多いはずだと前向きに受け止め、このチャンスを生かして、大いに自分も成長していこうと考え、出向のメンバーに選ばれたことを喜びました。

出向して感じたのは、アメリカは雑誌情報の豊富な国であることでした。マグロウヒル社は当時、数十種類の雑誌を発行していましたが、それらの雑誌を手にするだけでも、その情報量の多さに圧倒される思いでした。

中でも『Businessweek』は、アメリカを代表する週刊ビジネス誌として各界のリーダーに広く読まれていました。日本でも航空便で取り寄せている企業経営者が当時でもかなりいました。

日経側は、この『Businessweek』誌と提携して、『日経ビジネス』という雑誌を創刊することを最初の仕事として取り組むことになったのです。その新雑誌の創刊を支える読者を募る仕事の責任者は、私が担当することになりました。

そんなことから、私は『Businessweek』を読むと同時に、同誌を支えているマグロウヒル社の仕組み、アメリカで雑誌の一般的な販売体制はどうなっているかの調査など、当時の日本人にはあまり知られてないことを調べ、それを日本的に実践していくにはどうしたらいいのかを模索し、実際の読者獲得の仕事に応用していきました。

そして『日経ビジネス』の創刊時の読者は、当初計画の5万名をはるかに超える7万名を確保でき、会社から与えられた最初の使命を果たすことができました。

この第1弾の雑誌発行の成功体験は、日経側にとって大きな財産となりました。それ以後、日経マグロウヒル社は次々と技術雑誌を発刊していくことになるのですが、最初の成功体験が生きて、どの雑誌も予想以上の成功を収めることができました。

それらの成功事例は、単に会社の財産になっただけではなく、私個人の成功体験にもなりました。

順調に仕事が推移していたこともあって、私が40歳の時、1週間の有給休暇を取り、75歳の父を連れてアメリカ西海岸のツアーに参加しました。父は郷里で老人会の会長をしていた関係で、一度アメリカの「老人の街」を見学したいとの希望を持っていましたので、その望みをかなえてやりたい気持ちからの親孝行の旅行でした。

幸いに新会社に出向して7年経っていましたので、英語にも慣れ、アメリカの情報にもかなり接していたこともあり、その旅行では数々の気づきを得ることができました。

そのひとつが、父を連れて「老人の街」を訪れた時に案内してくれた職員からジェロントロジー（老年学・加齢学）の本を読むように勧められたことです。このことがきっかけとなり、人生100年の生き方に注目するようになりました。

もうひとつが、仕事でアメリカの情報に接している時、モチベーショナルスピーカー（人々にやる気を喚起する専門の講演家）がアメリカに存在することを知っていたことから、こうした講演家に関する情報をアメリカの書店で収集できたことです。

この旅行を境に、私は自分のロングランの人生計画を考えるようになりました。そして結論として、「人生100年」の到来を予測し、それに対応した新しい生き方を情熱的に説く日本初のモチベーショナルスピーカーになろうと決心しました。

その場合、サラリーマンは、定年後には自助独立の人生を送るべきであると主張していくつもりでいましたから、そのためには、まず自らがサラリーマンを辞めて自助独立の人生を歩まずに、人を説得することはできないと考え、43歳で思い切って日本経済新聞社を中途退社することにしました。

当時すでに私は管理職の道を歩んでおり、会社での仕事も成功し、将来を嘱望されていただけに、その地位や名誉やすべての保障を捨て、独立独歩の人生に身を投じることは、実に危険なことでした。そのことを重々承知しながらも、あえてリスクを覚悟しての決断でした。

しかも、独立後はどの団体にも所属しない独立系のプロの講演家として歩むことにしました。独立後、いろいろな団体からのお誘いもありましたが、一切お断りして、独り立ちの人生を選択し、悪戦苦闘をしながらも今日まで初志を貫いてきました。

そして36年間、全国をまわりながら各階層の人々に、これからの超長寿時代の到来に対応して、私たちはどのように生き方を変えていけばいいか、その新しい生き方をいろいろな角度から訴えてきました。

もし私の話が聴く人に何の関心を呼び起こすこともなく、また話す内容が聴き手のニーズにまったく合っていなかったならば、とても36年間も独立して仕事を続けることはできなかったでしょう。

それが現実にできているということは、私の話が聴き手の心を捉えたことを意味していると思います。実際に私の講演を聴いた結果、新しい生き方に挑戦し、成功の人生を送っている人たちが、これまでにかなり誕生しています。

その方々が「田中の話を聴いて自分は変わることができた。田中の話を聴いてみたら」と周囲の人々に伝え続けてくださっているからこそ、私の講演活動も著述活動も、未だに続いているのです。


どうか、読者の皆様には、この私が歩んできた事実を踏まえて、この本を最初からお読みくださることをお願いいたします。そうしていただければ、人生１００年時代への新たな取り組みをご理解いただけると同時に、定年後の長くなる老後をどう生きればいいのかの疑問が解消し、老後に対する前向きな気持ちを抱いていかれることでしょう。

なお私の執筆では、重要な言葉や事例は繰り返し述べることにしています。読者の皆様に強い印象を持ってもらうためです。今回もその手法を採用していますので、同じ言葉が出てきましたら、それは大事なことだと理解していただきたいと思います。

執筆に際しましては、ぱるす出版の春日社長様はじめスタッフの皆様に大変お世話になりました。そのことに対し、心から感謝の意を表したいと存じます。

また併せて、この36年間、私をご支援くださっている全国の皆様に深くお礼を申し上げます。

平成27年9月吉日

田中　真澄

『100歳まで働く時代がやってきた』 目次

第一章

死ぬまで働く時代がやってきた

第一節　人生100年時代の到来が身近に迫ってきた

日本人の平均寿命は今も年々延びており、今日では80代まで生きるのが当たり前となり、100歳近くまで生きる人も増え続けています。このままいくと30年後の2045年には、平均寿命が100歳になるであろうとの専門家の推測もなされています。

その一例として、2015年1月4日にNHKが放送した「NEXT WORLD　私たちの未来『寿命はどこまで延びるのか』」の番組が挙げられます。

この番組は「東大やハーバード大学の学者をはじめ、多くの研究者が「2045年には、人の平均寿命は100歳になると予言」と報じ、視聴者の注目を浴びました。

それによると、100歳説予言の第一の理由は、老化を鈍らせる「NMN」という物質(長寿を促すサーチュイン遺伝子を活性化させる作用がある）が発見され、マウスによる実験で成功し、今年からは、人体への実験が開始され、10年以内に私たちが使えるようになるということです。

第二の理由は、がん治療が飛躍的に進歩することです。

第三の理由は、予知医療の発達です。そのひとつが血液情報のビッグデータによる分析で、死の予知ができ、その結果、病気の予防技術も発展するということです。

私はこの番組を見て、あと30年後には、私がこれまで唱えてきた人生100年の時代がいよいよ本当にやってくるなと思いました。

そうとなれば、現在70歳以下の人たちは真剣に100歳まで生きる準備、すなわち人生に対する意識変革を行って新たな人生設計を立て、100歳まで生きることを視野に入れた能力の再開発をしていく必要があります。

意識変革と能力再開発が必要であると言葉で言うのは簡単ですが、実際にそれを実行するとなると容易なことではありません。

なぜならば、人は自分の考え方や行動パターンを変えることに対しては、とても億劫《おっくう》であり、強い抵抗を覚えるからです。とくに他人から言われて、「はい、そうですか」と簡単に変えることのできる人は少数派の人々に過ぎません。

では、どうしたら意識や行動を変えることができるのでしょうか。それは実際に、自分の行動と考え方の習慣を変えることで、自己変革できた人を見習うことです。そして「私もあのように変わりたい」と強烈に思うことです。

この動機づけを自分自身に起こすきっかけを、できるだけ早くつかむことが重要です。

「生き様が人を動かす」（＝ある人の生き様を見て、それを見た人は自分の行動や考え方を変える）という言葉がそのことを表わしています。

43歳で思い切って人生を変えた私の講演を聴いたことで、自分を変えた方々が大勢いますが、その人たちには３つの特徴が見られます。

ひとつは、テレビや新聞や周辺から伝わってくる情報から、漠然とながらも人生１００年時代の到来を気づいていることです。

私の父は32年前に83歳で亡くなりましたが、その当時は、父は長寿を全うできたというのが私や家族・親戚、そして周りの人たちの共通認識でした。

しかし今日では、80代前半で亡くなった人を「長寿を全うした人」とは考えず、むしろもう少し長生きできたのではと考える時代になっています。周りに90歳を過ぎても、１００歳になっても、元気に生きている人が大勢いるようになったからです。

そうした昨今の日本人の状況を見るたびに、いつも36年前の独立当時のことを思い出すのです。私はプロの講演家としてスタートした時から「人生１００年時代の到来」を講演や著述の中で説いてきましたが、その当時の大半の人は本気にせず、私の話を笑いながら聴いておく程度の状態でした。

35年前の1980年に出した拙著『乞食哲学』（産能大学出版部）で「人生百年時代に備えて～他者依存から自立の人生へ～」という一節を設けて、100歳まで生きる準備を書いていますが、この時も読者の反応はほとんどありませんでした。

ところが、団塊の世代が65歳で定年退職していった2012年前後から、私の人生100年の生き方の講演が、どこでも真剣に聴かれるようになりました。

2つは、定年後のサラリーマンは年金が今後は実質的に減額され、年金だけを当てにして老後を送ることへの不安が高くなることを感じていることです。

最近は『日経ビジネス』をはじめ各経済誌が、繰り返し「老後不安」「高齢貧困」「老後破産」などの特集を組んでいます。それだけ高齢問題について多くの人が関心を持っているからでしょう。そして、こうした特集の結論はどれも、今後、年金だけに頼る老後設計は危険であることを示唆しています。

3つは、年金に頼れなくなれば、自分の自助力に頼って生きていくしかないことを、誰もが心の底では覚悟していることです。

その自助力に頼る手段が分かれば、自助力を武器に生きていくことができるのが、私たち日本人なのです。

どうしてそう言えるかは、日本の歴史を調べればわかります。

日本では江戸時代まで、国民の93％は農業・工業・商業の仕事に携わりながら、自助独立の人生を歩み、死ぬまで働いていました。今日のように老後は社会福祉制度に頼りながら生きるようになったのは、戦後の昭和30年代の後半になってからのことです。

昭和30年春から34年春まで大学生活を送った私は、その頃でも、国民の約6割は自営業主とその家族であったことを知っています。

サラリーマンが全勤労者の5割を超えたのは、55年前の昭和35年以降のことです。その証拠に、今ではサラリーマンが当たり前に読む日経ですが、私が日経に入社した昭和34年頃は、読者の大半が事業主（自営業主を含む）だったのです。つまり半世紀前までの日本は自営業者を含む事業主が主役の国だったのです。

そのことを知っている私のような80歳前後の日本人は、私たちはいざとなったら自助力を発揮して、自分の力で生きていける潜在能力を保有している民族であることを、終戦当時の体験や学習を通してわかっています。

それでは、この3つの問題（人生100歳時代の到来・年金の先行きの不透明さ・自助力に頼る）に、どう対処していけばいいのでしょうか。

私はこの3つの問題に早く気づき、それに対処するための準備をし、43歳でサラリーマンから自助独立の自営業主に転身し、今日に至っている人間です。

したがって、3つの問題に対する処方箋を書く資格が私にはあると思っています。

その実際の体験談をベースにした私なりの提言を、これから縷々述べてまいりますので、ぜひ耳を傾けていただきたいのです。

第二節　定年は一生における一里塚に過ぎない

徳川家康は1603年（慶長8年）江戸幕府を開き、翌年には日本橋を起点とする一里塚を全国に設けることを指令し、10年でその計画を完成させました。一里塚とは一里（約4キロ）ごとに道標となる標識を立てた塚のことです。その結果、旅人は一里塚を通過するごとに自分の歩いてきた距離を測定できるようになったのです。

このように一里塚は、途中経過を知るためのチェックポイントです。人生で言えば、60歳で還暦、70歳で古稀、77歳で喜寿、88歳で米寿と称することと同じで、定年も、過去からどのくらい過ごしたかの途中経過時を示す道標に過ぎません。

ところが、この定年を現役の終着駅と考えているサラリーマンがまだまだ存在しているのには驚かされます。確かに１９７０年代までは男性の平均寿命が70歳～75歳でしたから、定年後10歳前後の余生を過ごすことで人生を全うできたのですから、そうした受け止め方でもよかったのです。

ところが、今日のように平均寿命が男性80歳、女性87歳となってくると、定年だからといって65歳で現役を引退するのは、本人にとってはもちろん、社会全般にとってもマイナスの事態になってきています。

なぜなら、定年のない自営業主の人たちは65歳や70歳で引退する人は少なく、大体80歳前後までは現役として頑張り、社会的な貢献をしており、本人自身もそれを当然としているからです。

自営業主である私は現在79歳ですが、健康である限り、どこまでも頑張って現役を貫こうと考えています。今のところは講演も執筆の仕事も、これまでと同じペースでこなすことができますし、心身共に充実するよう努力しています。１００歳まで働くにはそうした生きるための意欲が大切だと考えているからです。

そもそも定年で現役を引退するという仕組みは、雇用側が設けた条件に過ぎません。雇用される側は、定年退職という制度によって、やむなく引退させられているのです。本人はまだまだ働けるにもかかわらずです。

この現状は国家にとっても一大損失です。国家の運営は国民の税金によって賄われています。その税金を支払う能力が十二分にありながら、定年退職でその能力を放棄するのは実にもったいないことです。

これから65歳以上の高齢者がますます増え続け、それに伴って医療・介護・年金など福祉に関する国家予算が年々膨らむ現状を鑑みれば、税金を払える力のある人には、まだまだ働いてもらう必要があります。

政府がこのところ盛んに定年族の人たちに対して、数々の起業を促す政策を打ち出している背景には、そうした事情が横たわっているのです。

また、定年でいったん退職した人にとっても、その多くは退職金と年金だけで老後の生活をまかなうことに不安を感じてきています。そして家計の補助という意味もあり、まだ働けるという気持ちからも、再び仕事に戻りたいと希望し、ハローワークを訪ねたりして仕事探しをすることになるのです。

しかし、ハローワークに行ってみればわかることですが、高齢者対象の窓口で年齢不問の仕事を当たってみると、正直なところ、かなり厳しい労働条件の下で、しかもサービス産業の現場の仕事がほとんどです。

これらの仕事は、高齢者の人にとっては一部の人を除いて、就労が難しいと思えるものです。ですから働きたい気持ちはあっても、結局は再び家庭にこもる道を選択してしまうことになるのです。

一方で、定年退職後、生き生きと仕事をしている人たちも結構います。その人たちは二つに分類されます。

ひとつは、サラリーマン時代に培っておいた専門力を活かして、その道のプロとして活躍している人たちです。在職中に行政書士・司法書士・社会保険労務士・中小企業診断士・税理士・技術士などのいわゆる「士業」と言われる資格を取得した人たちがその中心となっています。

ふたつは、そうした国家試験に関係なく、自分の得手や趣味を生かして独自の専門領域を構築し、その世界で活躍している人もいます。たとえば高齢者向けのパソコン教室を開いたり、独自の健康法を体得し、それを地域の住民に教える健康塾を開いたり、絵手紙の指導教室を開いたりと、教えるビジネスを展開している人たちです。

こうした自分の専門力や得手を発揮した仕事に就くことは自己実現欲求を満たすことになることから、老後の生き甲斐につながります。

ですから、できれば若いうちから自分にとっての得手とは何か、専門の道に進むとなればどういう仕事をすべきかを、よく考えながらいろいろ試してみて、その結果、これならいけるという道を見つけておきたいものです。そして、余暇を使ってそれをじっくり極めていくという、自己開発の時間を生活の中で確保することが大切です。

ところが、この自己開発をしていない人が実に多いのです。なぜそうなのかは、企業の定年前準備講座を担当してきた私の経験から言えば、多くのサラリーマンは、自分の生涯をどう生きるかではなく、定年までの人生しか視野に入れていないからです。


日本の就業人口の約9割が今では広義のサラリーマンです。サラリーマンはどこかの組織の一員として働き、その労働報酬で生計を営む職業人です。その場合に、どこで働くかによって、その人の一生が決まると考えられているため、学校を出て就職先を決める最大の要素が「安定」です。

したがって「安定」が保証される官公庁や金融機関や大企業に就職し、定年まで無事に勤められたら、もうそれでいいという考え方が就活の学生の頭を支配しています。それは日本人の昔も今も変わらぬ就職観です。

昭和33年、私が大学4年生になり就職活動を始めた時の父の本当の希望は、私が地元に戻って県庁のような安定したところに就職してくれることだったようです。しかし将来は事業主になりたいと密かに考えていた私は、その修業のためにも東京の会社で厳しい経験を積む必要があるとして、最終的に日本経済新聞社を選びました。

日経の入社試験に合格したことを父に伝えた時、「日経は堅実な会社で安定しているから潰れる心配はないだろう」と言って、私の選択を認めてくれました。確かに新聞社は倒産の危険が少ないだけに、父がそう考えたのは当然でした。

ですから、私が日経を中途退社することを決意した時、事前に父に相談することはあえてしませんでした。父に余計な心配をかけたくなかったからです。日経を正式に退社してから父に報告しました。

父は「お前が熟慮したうえでの決断だろうから、あとは命懸けでやることだな」と言うだけでした。私は父を安心させるためにも、まず講演家として成功することを心に誓いました。その誓いを支える私自身の人生戦略を持っていました。

つまり私は定年を超えて一生涯をどう生きるかの見通しを立てていたのです。このことについては、後ほど詳しく述べていくことにします。

第三節　日本は100歳人（センテナリアン）大国である

政府は毎年9月の敬老の日に、その年の9月1日現在の100歳以上の人口を公表しています。この発表が始まったのは1963年からです（その年に老人福祉法が制定された）。1963年の100歳以上の人口は153人でした。それが1981年1072人、1998年10158人、2012年51376人、2014年58820人と、年々うなぎのぼりで上昇しています。

私は講演家として独立した当初から「人生100歳時代」の到来を説いていましたが、独立した1979年（昭和54年）の100歳以上人口は937人、翌年も968人と1000人以下でしたから、多くの人は私の主張をまともに受け止めてくれませんでした。

2000年に拙著『人生一〇〇年をいきいき生きる』（致知出版社）を出した時も、読者からの反応はまだ鈍く、「この本を出すのが少々早すぎたかな」という印象を持たざるを得ませんでした。

ところが百寿者が5万人を超えたあたりから、私の話に耳を傾ける人が増えてきました。日本国中に100歳以上の高齢者の存在が目につくようになったからです。そして「100歳時代」の言葉が人々の口にのぼるようになりました。

そのこともあって、100歳時代に関する雑誌の特集が盛んに組まれたり、100歳関連の本も次々と出版されており、その数の多さは書店の本棚を見ればわかります。

その中でも、経済誌『日経ビジネス』が100歳関連の記事をいち早く取り上げたことは、関係者の間で広く知られています。

同誌の2001年3月12日号での「100歳まで生きるあなたへ～超長寿国家の設計～」という特集は、大きな反響を呼びました。この特集を読んだ人々は、100歳まで生きることを自分の問題として捉えるようになりました。

さらに同誌は、2012年9月10日号の特集「100歳まで働く時代がやってくる?!～高齢者が生む活力〈隠居ベーション〉……アラ100という働き方～」で、100歳まで単に生きるだけでなく、働く時代が来たことを人々に印象づけました。

私が講演の中で、この二つの『日経ビジネス』誌を見せながら、わずか10年の間に「100歳まで生きる」から「100歳まで働く」に表現が変わったことを説明しますと、多くの人は100歳時代の到来を感じてくれます。

しかし経済誌になじみのない人もいますので、そういう人たちのために週刊誌『週刊現代』（講談社発行）の2010年4月3日号の特集「人生は60歳から」、同じく11月20日号の特集「死ぬまで現役」、2013年9月7日号の特集「90歳の現実　100歳の現実」の3冊を実際に見てもらいながら話をしますと、ほとんどの人が100歳時代の到来を納得してくれます。

ところで「100歳人」を表わす英語は、「センテナリアン」（centenarian）です。この言葉を知ったのは、1976年、私が日経マグロウヒル社（現日経BP社）に勤務していた時でした。

当時、アメリカには百歳人が15000人ぐらいいて、100歳時代の到来が予測されており、こうした長寿化していく高齢者を研究する「ジェロントロジー」（gerontology・老年学）という学問が、すでに500の大学で講義されており、老人学を専攻する学部が30もありました。

アメリカの老年学では、高齢者は英知を備えた貴重な社会的資源と捉え、高齢者も社会貢献を果たしながら、生きがいのある人生を送るべきであり、そうした人生を歩むことが高齢者の成功（サクセスフルエイジング）であるという提言をしています。

今から39年前に、まだ日本人の多くが知らないでいる老年学のこの提言に触れた私は、「日本もこれから高齢者が増えていく。その人たちに高齢者の新しい成功の概念を伝え、生き甲斐のある老後を過ごすための道案内をするのが私の新たな務めだ！」という大きなひらめきを覚え、それが今日の私につながっているのです。


その当時の日本の100歳人口はわずか666名でしたが、その後、急速に増えていったことは先述したとおりです。

2010年の統計によれば、アメリカの百歳人は70490人と世界第1位です。同じ年の日本の100歳人は44449人であり、世界第2となっています。しかし、この数字を10万人当たりの人数で見てみると、アメリカ22・45人に対して日本は34・85人で、率では日本は世界一の100歳人大国なのです。

こうした状況の中で、日本でも2006年に学際的な老年学への対応を目指す日本応用老年学会が設立されました。日本では老年学を専攻する学部を持つ大学はありませんが、東京大学では、2009年に恒常的な研究・教育活動を行う高齢社会総合研究機構が設立されました。

これから老年学の研究は日本でも盛んになるでしょう。なぜなら、高齢化の問題は、日本だけでなく韓国・中国・インド・フィリピンなどアジア諸国でも年々大きくなりつつあるからです。

このように世界的にも高齢化問題がクローズアップされてきている現状を踏まえて、私たちも個人として超高齢社会に対応した新しい生き方を身に付けていくべきです。

ところが、生き方に対する自分の行動と考え方を変えることを頭では理解できても、それが即座にできないのが人間の悲しい性というものです。

先にも述べたとおり、私たちは、自分がいったん身に付けた考え方や行動の習慣を新しいものに変えることに対して否定的になりがちなのです。ぎりぎりのところまで追い詰められないと、自らの考え方も行動も大きく変えることは難しいのです。

それでも人よりも早く変えていける人が、時代を読める人であり、時代の変化についていける人と言えます。私は独立以来、ずっと人生100年時代の新しい生き方を提唱してきたことは幾度も述べてきましたが、私の提言を聴いたのがきっかけとなり、自分の生き方を変えた人は、定年後、自分の専門を確立し、その分野で正々堂々の人生を歩んでいます。

老年学の基本は、老後は「趣味」を生き甲斐とするのではなく、「仕事」を生き甲斐にしようとすることです。これまでの高齢者は社会的な貢献を求められることはなかったのですが、これからは違います。

１００歳まで生きることを前提にし、定年後の35年～40年を、自分の得意な分野で働き、どこまでも社会の一員として現役で活動する義務を、すべての高齢者が担う時代になってきたことに早く気づいて、それに備えることが肝要です。

「成功は準備とチャンスの出合いである」とは、そのことを指しています。

第四節　死ぬまで働く時代への準備は自分のメンターを見つけることから

明治維新で、多くの武士たちは時代に取り残されていきました。その中にあって、福沢諭吉らの先覚者は時代の先を読み、自らの力で人生を大きく変えていきました。

こうした大きな変革の時代を見事に乗り切っていった人たちをよく観察してみると、必ず先見性の豊かな人物に師事し、新しい行動と考え方の習慣を身につけています。

自己変革に努力している人が師事する人物をメンターと称しますが、明治維新前後の時期、心ある人たちがメンターとして選んだのが中浜万次郎でした。

誰もが知っているように、中浜万次郎が幕末期にアメリカから帰国してくれことで、日本はどれだけ助かったか計り知れません。当時の日本で、アメリカで正式な教育を受け、まともに英語を話せ、読み書きもでき、しかも捕鯨船という大型船の乗組員として一人前の操舵の技量を身に付けていた人物は、彼ぐらいしかいなかったのです。

したがって、ペリーが来日した時、アメリカ側と円滑な交渉を行うことができたのも、また勝海舟が船長として咸臨丸でアメリカまで無事に航行できたのも、そのすべての背後に彼の支えがあったのです。

14歳の時、漁船で遭難し、アメリカの捕鯨船に救われて、船長ホイットフィールドに可愛がられた万次郎は、その頭の良さと機敏さと人柄が買われ、船長の養子となってアメリカ東海岸のマサチューセッツ州フェアヘーブンで、小学校に通い、飛び級で進学し、最終的には専門学校で学ぶ機会に恵まれたのです。

万次郎が学んだのは、英語・数学・測量・航海術・造船技術などの学問で、首席で卒業しました。修学後の19歳の時、捕鯨船に乗る道を選びました。

それからわずか2年後の21歳の時、万次郎は船員たちの投票で一等航海士・副船長となりました。この一事だけを見ても、彼がいかに優秀な人物で、リーダーとしても人々に慕われたかがわかります。

都合3年間、捕鯨船で世界の海を航海し、多くの国々に立ち寄り、当時の日本人としては初めてと思われる貴重な体験を次々と積み重ねていきました。

23歳の時、日本に帰ることを決意してからは、帰国の資金を得るためにゴールドラッシュで沸くカリフォルニアの金鉱で3カ月働き、600ドルを稼ぎ、1851（嘉永4）年、帰国の途に就きました。

当時の日本はまだ鎖国状態にあったため本土に入国できず、琉球に上陸しました。その後、薩摩藩に引き取られました。開明派の藩主・島津斉彬は万次郎を厚遇し、自らも西洋事情を聴き出し、その航海術や造船術を藩士や船大工に教えさせました。

薩摩藩で過ごした万次郎は、続いて長崎奉行所で長期間尋問を受け、その後、土佐藩に引き取られ、吉田東洋らから取り調べを受けました。その時、東洋と親しかった日本画家・河田小龍は、藩の許可を得て万次郎を自宅に寄宿させ、役所での取り調べ後は、万次郎に日本語の読み書きを教えながら、逆に小龍も英語を学び、二人の交流は深まっていきました。その結果、万次郎のアメリカで得た情報を聴き出した小龍は、挿絵でわかりやすく解説した『漂巽紀略』5巻を上梓し、土佐藩主に届けました。

その後、同書が江戸の諸大名の間で評判となり、万次郎が幕府直参として取り立てられるきっかけとなりました。また小龍と親交のあった坂本龍馬の姉との関係から、龍馬も万次郎の情報をいち早く知る機会に恵まれました。龍馬の民主主義的な発想は、この万次郎の情報からヒントを得たに違いありません。

土佐藩での2カ月の取り調べを終えた後、万次郎は漂流から11年目の1852（嘉永6）年に郷里に戻り、母親と対面できたのです。と同時に土佐藩の武士となり、藩校の教授に任命されました。その時の教え子の中に、後藤象二郎や岩崎弥太郎がいました。

翌年の1853年、ペリー艦隊の来航への対応のために、万次郎は幕府に呼ばれ、直参の旗本の身分が付与され、その際に「中浜」を名字としました。

ペリーの来日に頭を悩ましていた老中首座の阿部正弘は、万次郎の西洋事情の話に耳を傾け、和親条約の締結を決意したと言われています。

万次郎は江戸に呼ばれると、軍艦教授所教授に任命され、造船術・測量術・航海術の指導に当たり、傍らアメリカ航海学書『新実戦航海書』の翻訳、英会話書『英米対話捷径』を執筆、さらに通訳、英語の教授、大型船の買い付けと活躍を続けました。

1854（嘉永7）年、ペリーとの日米和親条約の締結に当たっては、万次郎はスパイ疑惑を持ちだされ、通訳の役目からはずされたものの、陰から助言し締結に尽力しました。

１８６０年、咸臨丸で日米修好通商条約の批准書を交換するための遣米使節団のひとりとして加わった万次郎は、艦長の勝海舟が船酔いのため、実際の航行は彼自らが指揮したのでした。使節団一行の中に福沢諭吉もいましたが、サンフランシスコに着くと、万次郎の案内でウェブスター英語辞典を購入し、初めて日本に持ち帰りました。

このことからも類推できるように、諭吉は万次郎から英語に関するかなりの情報を仕入れたようです。諭吉の英語力向上に、万次郎は側面で大いに寄与したものと思われます。

幕末から明治へと大きく変革していく中で、勝海舟や福沢諭吉のように大活躍した人物の大半が、直接的にも間接的にも、万次郎の影響を受けて自己変革を遂げ、時代のリーダーとしての足跡を残し得たのです。

ここからもわかるように、ひとりのメンターの存在に早く気付き、その人の持つ情報を伝授してもらえるかどうかで、その後の人生は大きく変わっていくのです。

今日の日本は、明治維新と同じくらいの変革期です。人生１００年の時代が目の前にある時、従来の人生観にこだわっていては、一歩も先に進むことはできません。

人生１００歳時代の到来の変革期の現在、幕末期の万次郎のように新しい時代を乗り切っていく先見性に富んだ人物が、私たちの周りに必ずいるはずです。
その人が見つかり、気に入った人ならば、思い切って教えを乞う行動に出るのです。そういう人は自分を慕ってくる人を拒まず、むしろその積極性を歓迎してくれます。

私は社会教育分野でモチベーショナルスピーカーとして独立すると心密かに決めてからは、当時、話力総合研究所所長として社会教育の分野で精力的に活躍しておられた永崎一則氏に注目し、氏の教えを仰ぐことにしました。

そのきっかけは、私が参加したセミナーの講師であった永崎氏の話に感銘し、セミナー終了後、氏の話力総合研究所が主宰する土日講座で学べるように頼みました。そしてそれからの2年間、私の週末は、研究所に通って話力を学ぶ日々となりました。

また永崎氏の企業内研修での土日講座の助手として、氏と行動を共にし、氏の講義の合間に私も講義させてもらいながら、直接の話力指導も受けました。

私が日経を辞め独立してからは、話力総合研究所の講師として1年間、現場の経験を積み、また永崎氏の経験談を数多く拝聴、独立自営ができるための準備をしました。

その後も今日まで、永崎氏と親しく接しており、氏の後を追いかける気持ちを常に忘れずにいます。ちなみに氏は私より10歳先輩で、現在も89歳で現役です。

第五節　将来は事業主になるという気持ちで仕事に従事すること

人生が長くなればなるほど、日々、生きることが楽しいような生き方を選ぶ必要があります。かつて人生が50歳前後で終わり、しかも生きていくうえで経済的環境が貧しかった昭和30年代前半までは、与えられた仕事を必死にやっていくだけで精一杯でした。自分の楽しみとか、生き甲斐とかを考える暇などなかったのです。

しかし現在の日本は、そういう貧しかった時代とは違います。職業選択も自分の考えでできますし、暴飲暴食の不健康な日常を送っていない限り、現在では誰もが少なくとも80歳までは生きられる時代になりました（日本人の平均命が男性で80歳、女性は87歳ということがそのことを表わしている）。

私たちにとって最も望ましい人生とは、自分の仕事が楽しいことです。ロシアの作家ゴーリキーは「仕事が楽しみなら人生は極楽だ。仕事が苦痛ならば人生は地獄だ」と語っていますが、まさにそうだと思います。

どんなに自分の仕事を好きになろうと努力しても、「仕事が嫌で嫌でたまらない」としか思えないで毎日を過ごすことほど、辛い人生はありません。現在のわが国では、そういう状況の人は少ないとは思いますが、どうしても嫌な場合には、勤め人ならば上司に相談して他の職場に移してもらうことです。親の職業を継いだ人なら、思い切って転職をすることです。

その他の大半の人にとっては、好きでも嫌いでもないが、与えられた仕事だから、やるしかないと受け止めて、それなりに頑張っているはずです。それが日本のサラリーマンの一般的な状況でしょう。

なぜなら、日本人が学校を卒業して職業に就く時は、どこかの会社なり団体の社員（職員）になるという、いわゆる「就社」であって「就職」ではないからです、どんな仕事をするのかは、勤め先に入ってから雇用側の都合で決まるものなのです。

また、多くの学生も特別の専門の技術や知識を身に付けているのではなく、それは勤め先で習得するものだと思っています。雇用する側もそのつもりで採用しているのですから、毎年、まっさらな新人が大量に入社するわけです。

ですからサラリーマンになった人は、就職先で与えられた仕事に打ち込みながら、仕事を通して得ることのできる能力を、できるだけ世間並み以上に磨き続けることです。そうしているうちに、人事異動で他の職場に異動するか転勤することになり、そこでまたそれまでとは違った人間関係や職務に就くことになります。それは職場を変わることで新たな能力を開発する機会を与えられたと受け止めればいいのです。

そういう生活を20年もしている過程で、自分はどんな分野でならばプロとしてやっていけるか、そのためにはどんな学習を重ねていけばいいかがわかってきます。

その自己分析によって、自分なりの目標（志）を抱き、勤め先の仕事の合間を縫って、自分の自立を助ける専門力を身に付ける努力を重ねていけばいいのです。

その具体的なケースを、これまで幾度も過去の拙著で触れてきました私の事例を、ここでも紹介しながら、述べてみたいと思います。

私は昭和30年～33年の4年間の大学時代、都合6軒の事業主の家庭の子弟を教える家庭教師のアルバイトをしました。どのご主人も戦後サラリーマンから独立して事業を成功させた方々でした。

当時はまだサラリーマンの家庭の多くが質素な生活をしていた時代でした。ところが私が家庭教師をさせてもらった家庭は、すでに豊かな生活を送っていました。

したがって、そういう家庭は食事付きで授業料も高めという条件で、東大生や私が学んでいた東京教育大学の学生を家庭教師として雇っていたのです。

私の父は戦前軍人で終戦と同時に戦犯になったこともあり、講和条約発効まではまともな職業に就けず、行商で家族を養っていました。戦後7年経って、やっと地方公務員という公職に復帰できたのです。そんなことから、当時の私の家庭は経済的な生活では恵まれていませんでした。それだけにアルバイト先の家庭の豊かな生活にはとまどったものです。

また事業主の主人と、時には話す機会もありましたが、創業者として仕事に懸命に打ち込んでいる主人の生き様、話の内容は実に刺激的でした。戦後の復興の時期であった当時でもあり、事業は繁盛し続けており活気に満ちていたからです。

その主人の姿に、事業主として生きる楽しさ・やりがいのある人生を垣間見ることができました。そして、いつの間にか、私も将来はサラリーマンから事業主になろうという願望を抱くようになっていったのです。

将来、事業主になるためには、どんな会社に就職し、どういう職場で働けばいいのかを、お世話になった事業主の方々の話から、私なりの考え方を持てるようになりました。

私が大学生であった頃の就職事情は、今のような就活の活動などなく、秋に行われる就職試験を受けて就職先を決めたものです。

東京教育大学は、戦後の教育改革によって、戦前の東京文理科大学・東京高等師範学校・東京農業教専門学校・東京体育専門学校が一緒になった新設の一般大学としてスタートしたのです。。したがって当時の東京教育大学は、教師になるための大学と世間では受け止められていたこともあり、民間企業への就職の門戸は狭く、教師以外の道を選ぶ者にとっては厳しい就職戦線でした。

それだけに民間企業を選ぶとなれば、団体や研究機関・新聞社・出版社などのように、誰でも受験できる競争率の激しいところを選ぶしかありませんでした。

私は日経の他に2社の入社試験に合格、将来の自分の道を考えて、日経に決めました。しかも編集局ではなく業務局にしました。将来の事業主となるための準備として、とにかく営業の力を身に付けることが最重要と考えたからです。


業務局では、新聞販売店のディーラースヘルプ、つまり販売店援助の部署に配属されました。最初の5年間は先輩の仕事を助ける助務として働きながら、業務の基本を身に付けました。6年目に独り立ちして富山県担当になり、3年間赴任しました。

その頃の富山県は11月半ばから雪が降り、4月中旬までは雪の中での生活でした。九州出身の私にとっては、雪の生活は初めてで何かと苦労を重ねましたが、それが非常に勉強になりました。

何事も黙々と仕事に打ち込む生き方を身につけられたのは、富山で雪と闘いながら辛抱強く生きる生活があったからです。

さらに300年以上も続いている越中富山の薬売りの存在に出合い、それによって老舗の研究に目覚めたことは大きな収穫でした。なぜならば、富山の薬売りをはじめ老舗は、その大半が中小零細企業です。老舗を学ぶことは、個業主になるための準備として最適の方法だからです。

この老舗を学べたことは、以後の私の生きていく力となり知的財産となりました。

第二章

本気で自立自助の生き方を求める時代

第一節　もう「寄らば大樹の陰」の思想で生きるのはよそう

私が比較的裕福な家庭の子女が通っている某国立教育大学付属中学校のＰＴＡの総会の記念講演会に招かれた時のことです。「人生１００年を生きる」というテーマで、１００歳時代の到来に備える準備をテーマに講演しました。

その中で、現在のサラリーマンは、定年後は事業主になることが求められるので、今から事業主の生き方に注目し、そこから学ぶことが大切であると話しました。

ところが、講演後の父母たちの感想は意外にも不評でした。全体の２割の人たちからは好評でしたが、その人たちは少数派の事業主かその奥さまたちだったのです。

残り８割のサラリーマン家庭の父母たちからは、われわれは事業主になることなど考えたこともないし、今後もそういう考えはないという立場からの反対でした。

その反対組の人たちは、定年後は企業年金もあり、かなりの退職金ももらえるから老後に心配はないという考えが強く、何も今さら事業主を目指す準備をすることなどないとの立場でした。

このケースのように日本の恵まれたサラリーマン夫婦は、定年を迎えたら、あとは年金と退職金で、悠々自適の生活を楽しみたいと考えている人が圧倒的に多いのです。

先進諸国の中で起業率が最も低いのは日本ですが、その理由はこの「ハッピーリタイアメント」の意識が底辺にある人々が多いからだと思うのです。しかし、どうして我が国のサラリーマンは、そうした意識が強いのでしょうか。


それは日本の歴史を紐とけばわかってくることです。

先にも触れたように、江戸時代までのわが国の就業者は、おおよそ、武士が7％、自営業者が93％（農業・漁業83％、工業4％、商業6％）でした。

この7％の武士の生き方を示したのが「武士道」であるのに対して、自営業者の93％の人々の生き方を示したのが「商人道」でした。

江戸時代末期におけるわが国の教育制度の普及率は、すでに世界一であったと言われますが、それを支えたのが武士階級の場合は藩校であり、自営業者の場合は寺子屋でした。

このことからもわかるように、武士は藩士として藩への所属価値を高める教育を受けたのです。一方、それ以外の国民は、すべて自らの仕事で自立自助していく存在価値を高めるための教育（読み・書き・算盤など自立に必要で実用的な知識と技術）を受けたのです。

ところが、江戸時代から明治時代に変わった時、明治維新を先導したのが武士階級であったこと、先進諸国に追いつくために近代化を早急に図る必要があったこと、徳川幕府の施策を否定する傾向にあったこと、などの理由から、明治以後の教育制度は武士道をベースとしたものとなり、所属価値を高める教育が中心となりました。それは、国家に忠誠を誓い、勤め先（官公庁・団体・会社）に身を預けるための教育が主体であったと言い換えてもいいでしょう。

そのために、江戸末期には全国に170カ所以上もあり、盛んだった石門心学塾（江戸中期の心学者・石田梅岩が唱えた商人道を学んだ弟子たちが開いた塾で、商人・町人・農民はもちろん、最後には武士も参加した塾）が、明治以後は次第に消えていきました。

その結果、武士道をベースとした教育を受けた事業主の子弟の中からも、自助独立の道を歩むことよりも、官公庁や大企業の一員として働く、いわば「寄らば大樹の陰」の思想を抱いて所属価値に重きを置く人が増えていきました。

このことを最初に指摘したのが福沢諭吉です。彼は『福翁自伝』（岩波文庫）で次のように述べています。

『明治維新の基礎が定まると、日本国中の士族は無論、百姓の子も町人の弟子も、少しばかり文字でも分かる奴はみな役人になりたいと言う。たとい役人にならぬでも、とにかく政府に近づいて何か金儲けでもしようという熱心で、その有様は臭い物にたかる蝿のようだ。全国の人民、政府に依らねば身を立てるところのないように思うて、一身独立という考えは少しもない。（中略）

人々の進退はその人の自由自在なれども、全国の人がただただ政府の一方を目的にして外に立身出世の道なしと思い込んでいるのは、畢竟（ひっきょう＝つまるところ）漢学教育の余弊で、いわゆる宿昔（しゅくせき＝昔から今まで）青雲の志（立身出世して高い地位につくこと）ということが先祖伝来の遺伝に存している一種の迷いである。今この迷いを醒まして文明独立の本義を知らせようとするには、天下一人でもその真実の手本を見せたい、またおのずからその方針に向かう者もあるだろう。一国の独立は国民の独立心から湧いて出てることだ、国中を挙げて古風の奴隷根性ではとても国が持てない』

この文章から、福沢諭吉が当時の国民の多くが政府の役人になりたがり、あるいは政府に近づいて仕事をもらおうとする姿勢を苦々しく思っている様子がわかります。

『福翁自伝』が発刊された１８９９（明治32）年から今日まで１１５年余りの歳月が経っていますが、諭吉が嘆いた国民の心情は、基本的には今も相変わらず続いています。昨今、親も子供も安定志向で、公務員や大企業の社員になりたいと希望する人が圧倒的に多いことが、それを示しています。

その結果、起業率は他国に比べて日本は極端に少ないのです。しかしこの傾向が続く限り、21世紀後半の日本の発展は望めないでしょう。少なくとも定年後は年金に頼ることなく自助独立の人生を歩むことができる人が増えていかなければ、日本の国の財政が持たなくなると考えられるからです。

福沢諭吉は、自ら範を示すために、政府からの招聘を一切断り、あくまで独立独歩を貫きました。そして彼が設立した慶應義塾大学でも「独立」を説き続けたのです。

しかし今日の慶應義塾大学の卒業生の多くが、福沢諭吉の精神を受け継いで、独立独歩の道を歩もうとしているとは聞いたことがありません。

それは今の時代、ある意味では仕方がないことです。諭吉の生きた時代と現在とでは就業構造が異なり、今は働く国民の90％以上が被雇用者で、事業主として生きるほうが稀だからです。となれば大きな組織で働くほうが有利と思うのは当然でしょう。

しかし人生が１００年時代になりつつある今日、その「寄らば大樹の陰」の生き方では長い老後を完全燃焼することは難しくなってきました。しかも年金も退職金もこれまでの人々のように、老後の生活をまかなうほど貰えなくなってきたことは自明のことです。ですから、マスコミが「年金崩壊」「老後不安」「高齢貧困」などと書き立てるようになってきたのです。

それは、言い方を換えれば、人生100年時代を迎え、「寄らば大樹の陰」の思想では人生を全うできないことを意味しています

第二節　事業主の生き方に関心を寄せ、その利点に目覚めよう

株式会社リクルートマーケティングパートナーズが発刊していた総合情報誌サイト『キーマンズネット』（2013年9月18日号）にIT業界の人たちに対して「正直言って、独立したい願望はある？」のテーマでアンケート調査をした結果（有効回答数433）が公表されています。

IT業界には独立願望派が多いと言われていますが、それでも独立願望が「ある」と答えた人は33％、「ない」が67％でした。

この回答について、同サイトは「『ない』派の多くは、現在の安定した会社員生活を捨ててまで独立する意志はないことを正直にコメントしています。そして当然と言えば当然

ですが、家庭をもっている確立の高い40代以降は『ある』派の割合がぐっと減り、『ない』派が多数を占めました」と解説しています。

このアンケートにはコメント欄がありますが、『ある』派の人からは、次のような一文が綴られており、どちらかと言えば、消極的な『ある』派が多いようです。

○「願望はありますが勇気がありません。でも何が起こるかわからない時代ですから備えはしたいと思います」（40代男性）

○「意欲的な独立願望ではなく、一生続けていける仕事が欲しいです。会社員だと無理なので」（40代女性）

○「この歳では独立に勇気がいりますが、チャンスを作りたいです」（50代男性）

ベンチャービジネスの誕生が多いと思われているＩＴ業界でさえも、実際にはこのような状況なのですから、独立に対する強い意欲・目標をもっている人は、今の日本では全体的に非常に少ないことを、このアンケートは示しているとも言えましょう。

しかし、このような状況のままで日本人が１００歳時代を迎えると、前節で触れたように、多くのサラリーマンの定年後の人生は、残念ながら希望に満ちたものではありえません。

この閉塞状況を打破するには、サラリーマンが学校時代に学んでこなかった事業主の生き方に目を向け、少なくとも定年後には事業主の道を歩むことのほうが、希望に満ちていることを知る必要があります。

そこで事業主を36年経験し、現在も事業主として現役で働いている私から、事業主の実態を紹介し、新鮮な目で事業主を見直すきっかけを提供したいと思います。

事業主は、サラリーマンと違って生活の保障がない代わりに、定年がありません。どこまでも現役で生きられることが最高の年金だと彼らは考えています。

ですから、元サラリーマンの人たちよりも現役の事業主の人たちのほうが元気で、生きることにも意欲的です。経済的にも恵まれている人が多いのです。

この事業主のメリットを知ると、サラリーマンで人生を終えることはつまらないと思うのは当然ではないでしょうか、

さらに、少額の国民年金では年金に頼れないとわかっている事業主は、次のように3つの点でサラリーマンとは違った生き方を自然に身に付けていきます。

第1点は、事業主は人縁が事業展開には欠かせないと知っていることから、豊かな人間関係を形成し、それを維持するための時間と費用と心くばりを大切にしています。

「一引、二運、三力」と言われるように、事業主にとって最も大切なのは、まず他者からの引き（推薦・紹介）です。そのために事業主は人との出会いの場でも、相手に好感を与えることを心掛けています。

初回訪問の際にはお土産を持参したり、対面後にお礼状を出したりするのも、事業主は大切なことと考えています。

私は、松下幸之助氏がご存命中、当時の松下電器産業の全国の事業所や販売店の会合によく講演に招かれました。その時に感じたのは、どの場合も私を出迎え・見送る際の厚遇ぶりに、松下氏の精神が生かされていたことです。

松下氏は、訪問客の帰り際には、必ず玄関口で見送り、車が見えなくなるまでその場を立ち去らなかったそうですが、その振る舞いは、どの事務所でも共通して行われていました。そうした長年の積み重ねが、松下電器産業に対する関係者の評価を高くした一因でもあったのです。

経営コンサルタントとして活躍された故船井幸雄氏は、顧問先の事業主に対して「まず与えよ、さらば与えられん」の原則を伝え、必ず最初の訪問時にはお土産を持参し、来客に対しては、玄関で、その方の姿が見えなくなるまでお見送りし、併せてお土産を用意しておいて、お手渡しすることをアドバイスしていたそうです。

第2点は、事業主は勉強熱心で、身銭投資を当然と考えていることです。

事業主は働かなければ一銭の収入も手にできませんし、事業がうまく行かなければ倒産・廃業に追い込まれるというリスクを常に抱えています。

このリスクが当事者に緊張感を与え、それが絶えざる自己変革を促します。事業主がサラリーマンよりも真剣に働き、しかも勉強熱心なのは、このリスクが背景にあるからです。

と同時に、同じリスクを抱えながら生きている事業主たちと、互いに切磋琢磨していこうという仲間意識を抱くようにもなっていきます。

ですから事業主の間では、地域ごとにお互いに励まし合い、学び合い、助け合うための会合が盛んです。各地の商工会議所・商工会・ロータリークラブ・ライオンズクラブ・中小企業家同友会・倫理法人会などに集う経営者たちの会が、まさにそういう同志連合の会合なのです。このことがサラリーマンと大きく違う点です。

サラリーマンは、職場の仲間たちと同志的な付き合いがありますが、一端、会社を中途で辞めたり、定年になって会社を離れると、それまでの社内で培った人間関係が次第に希薄になっていきます。もともと、勤め先とはそういうものなのです。

定年後、しばらくして会社に行ってみると、何かよそよそしさを感じさせられます。

そうなると、勤め先が自分の生きる場所であった人たちは、今さら地域社会にも溶け込めず、寂しい思いで自宅に閉じこもることになり、奥さんからも嫌がられる「濡れ落ち葉族」「粗大ごみ」「産業廃棄物」と言われる存在になっていく人も少なくありません。

第三点は、事業主は事業を重ねていくにしたがって人間関係はますます広がり、深まっていくことです。

その人間関係が財産となり、保障のない世界で生きている事業主の人生を支えるのです。そして困った人がいたら、みんなで助けようという気持ちが生じるのです。

ですから、卒業生に事業主をたくさん抱える高校・大学のほうが、卒業生にサラリーマンが多い学校よりも寄付が多く集まるという現象がどの学校でも生じるわけです。

裸一貫で独立した私が今日まで一匹狼として人生を貫くことができているのも、こうした中小零細企業経営者の支えがあったからなのです。

私の仕事のマーケットを形成することに手を差し伸べてくれたのは世の事業主たちでした。もしその支えがなかったならば、今の私は存在しなかったでしょう。

第三節　サラリーマンは定年後の自助独立の目標を設定して生きていこう

事業主として生きることのメリットを知った以上、サラリーマンの人たちは、せめて定年後は、事業主として新たな人生に挑戦していこうという願望を抱いて生きていきたいものです。

「人間は自分が考えるような人間にだんだんなっていく」の言葉どおり、私たちは心に描いた自己像を次第に実現していくという潜在能力をみんな保有しているのです。

「現在の自分は過去の自分の想念が作った」と心理学では言いますが、よくよく考えてみると、確かに今の自分は、かつてこうなりたいと潜在的に思っていたとおりの人間になっているものです。

私は大学卒業時に「いつかはサラリーマンから事業主になるぞ！」と思い続け、そのための準備として老舗の研究を続けていたからこそ、日経を思い切って43歳で辞めて独立し、今日の私があるのです。

それほど人間の想念は自分を変えていくのです。ですから「現在の自分は過去の自分の想念が作った」の言葉を現在形で表現すると、「将来の自分は現在の自分の想念が作る」

となります。

私が講演の中で繰り返し強調しているのは、ひとつは「毎朝、両親の笑顔を思い出しながら、神棚と仏壇に向かって自分の目標を祈誓しよう」ということと、2つは良き生活習慣の実行です。

私の場合、一つ目の祈誓の言葉は「今年中に○○を達成します。そのために本日は○○と○○は必ず実行します」と年間目標と当日の実行目標を口にしています。

この繰り返しの行為が、私の心に目標に向かって歩みつつある自己像を描き出し、それが実際の行動を促すことになっているのです。しかも両親の明るい笑顔を心に抱くことで、その誓いがさらに強固なものになり、実行力が高められるのです。

2つ目の良き生活習慣とは、森信三氏の説いた「人生再建の3大原理」である①時を守り　②場を清め　③礼を正す、です。それを具現化するためには①早起き、②歩く、③初動の習慣（挨拶・返事・後始末）を日々、実行していくことです。

想念が人を変えていくとは、そういう具体的な行為を伴ってこそ実現するのです。したがって、こうしたことを馬鹿馬鹿しく思う人は、自分の人生を思いどおりに変えていくことはできません。むしろ他人の力に振り回されて一生を過ごすことになります。

この想念を抱くこと・良き習慣の実行の2つの重要性に気づいて、それを密かに実行していた私にとって、大きな助太刀の役割をしてくれたのが、1960年にアメリカで発刊された『PSYCHOCYBERNETICS』（サイコサイバネティックス）という本でした。

この本の原書（邦訳は1981年に『自分を動かす』というタイトルで知道出版社から出ている）を、アメリカ帰りの友人から借りて、読んだ時のことです。

著者のマクスウェル・マルツ医学博士は、この本の「新しい視点で心を解明したサイバネティックス」の節で、こう述べている個所に目が留まりました。

「心はなにやら得体の知れない抽象的なものではなく、脳と神経系からできている一種の仕組み、それも目標をもったときに効率よく作用する仕組みだということを明らかにしたのは、サイバネティックスという新しい科学です。サイバネティックスの考え方によると、人間には潜在意識があり、それは〈心〉というよりも〈仕組み〉だというのです。潜在意識は自動的で目標志向の機械を操作するというのです。（中略）

充実した人生を送ろうと思えば、まず〈創造の仕組み〉とか〈誘導システム〉を学び、それを〈失敗の仕組み〉ではなく、〈成功の仕組み〉が働くようにそうするのです。その方法は

①あなた自身が納得できる現実的なあなたのイメージを創り

②小さな目標を達成して満足感を経験するように〈創造の仕組み〉を働かせることを繰り返すのです。想像力を働かせ、ものの考え方や記憶の方法、行動の新しい習慣を学び、実践し、体験するのです。このことを肝に銘じて気を引き締めてさえおけば、あなたの成功は疑いなしです。成功しているあなたの自身を想像してそのイメージを心に描き、目標達成の過程で小さな成功を積み重ね、あたかも成功へのみちを歩むのが当然のように振舞うことで、〈成功の仕組み〉が働くようにするのです」（邦訳『自分を動かす』より引用）

ここに提示されている2つの方法（①と②）が、私の目標の祈誓と良き生活習慣の実行に相当します。

マルツ博士の本を通して、それまで私なりに行ってきたことが間違いのないものであると確信できました。そして、マルツ博士の指摘したように心の仕組みである潜在意識に働きかけ、目標を次々に達成していくことが真の人生だと考えたのです。

そう考えると、そのことを自分で実際に実行し、これから年々長くなっていく老後の人生を成功に導くような生体実験を、まず自分に課していきたいと思うようになりました。

その思いが、私の独立の促進剤になったのです。事業主となって自分の目指す社会教育家として独自の専門分野を確立しようという目標に向かって、誠心誠意、世のため人のために努力していき、しかも毎日の生活習慣を磨いていけば、どんな時代でも生きていけるに違いない、それがこの世の中の成功の仕組みであると、考えたのです。

ですから、心に独立の不安を抱えながらも、必ずや成功の仕組みが私を支えてくれると信じながら、毎日必死に生きてきました。

そしていつの間にか36年の歳月が流れました。その結果、マルツ博士の言うとおりの人生が私の前に展開していきました。

この36年の私の歴史があるからこそ、「サラリーマンで終わってはならない。必ず事業主になって自分なりの目標を設定し、それに向かって新しい人生を歩み直してほしい」との主張を講演の中で訴え続けていけるのです。

さらに付言しておきたいのは、事業主の仲間に入るためには、その人の人間力が問われます。どんなに知識や技術が秀でていても、人間力の乏しい人を事業主は仲間にしてくれません。その事業主が相手の人間力を見抜くポイントは、相手の普段の良き生活習慣です。

良き生活習慣を実行している人を、事業主をはじめ周囲の人々は「勤勉な人」と受け止めます。だからこそ、老舗は良き生活習慣を日々実行し、世の中の支持を得ているのです。

私は日経時代から、老舗の研究を続けてきたこともあり、老舗が身に付けている習慣を自らも実行するように努力してきたつもりです。

私が仕事一筋の人生を歩んできたことで、事業主やその周辺の人々の支持・支援を得られ、今日まで自分の存在価値を築き、現役として生き続けることができているのです。こうした事情を私はサラリーマン時代に学べて本当に良かったと思います。

第四節　今の日本人の生き方がおかしいことに気づこう

先日、定年後、地元で不動産業を営んでいる方から便りがあり、それは、私が講演・著作の中で言っているとおりに、明確な目標設定を行い、それを毎朝、祈誓すると同時に、良い生活習慣を日々実行してきたところ、他の同業者が驚くほど事業が順調に伸びているとの知らせでした。

この事例は前節で述べたことが正しいことを証明しています。このように世間は、目標を抱きながら努力し、良い習慣を実践する人に対して、必ず応援の手を差し伸べるのです。それが世間というものであることを、ここで認識してほしいのです。

繰り返しますが、老舗はどこでも、この当たり前のことを、毎日欠かすことなく実行しています。また、そのことを知っている人たちは、老舗をモデルとして学び、自分たちも同様の良き生活習慣を守り続けているのです。

ところが今日では多くの場合、この当たり前の習慣を、毎日心を込めて実行していくことを重視する教育が家庭でなされなくなっています。その証拠に、学校に入学してくる新入生たちや、企業・団体に就職してくる新入社員・職員たちの日常生活における挨拶・返事・後始末などの基本的な習慣が身に付いていないことを、彼らを指導する教師や上司はよく知っています。

良き生活習慣を子供たちに身に付けさせる場は家庭です。家庭における両親は習慣の教師なのです。そのことを指摘したのもやはり福沢諭吉です。『福沢諭吉家族論集』（岩波文庫）には、次の一文が掲載されています。

『子生まれて家にあり、その日夜見習う所のものは、父母の行状と一般の家風よりほかならず。一家の風は父母の心を以て成るものなれば、子供の習慣は全く父母の一心に依頼するものというて可なり。故に一家は習慣の学校なり、父母は習慣のきょうしなり。而してこの習慣の学校は、教授の学校よりも更に有力にして、実効を奏すること極めて切実なるものなり』

福沢諭吉が「一家は習慣の学校なり」と指摘したことは、明治時代も現在も変わらない真実です。ですから、家庭訪問をして両親に面談し、家庭環境を観察すれば、その子供のことがよく理解できるようになります。

ところが、ゆとり教育以後、教師の家庭訪問は、学校での父母面談で代替されるようになったり、家庭訪問をしても玄関先で立って行う方法になってきているようです。

これは、教師側も父母側も自分たちの都合を優先し、学校と家庭が連携して、子供たちをどう育てていこうかという子供の立場に立って、家庭教育の重要性について共通の認識を持とうとする姿勢が薄れてきている証拠だと思います。

さらに昨今は、教育の責任をすべて学校側に押しつける親側の勝手な態度が目につくようになりました。

このように最近の若い父母たちの家庭のおける親の役割認識・責任感が、年々希薄になってきているのはどうしてでしょうか。その理由を知るには、日本の戦後の歴史を振り返ってみる必要があります。

１９４５年８月15日の終戦から、講和条約が発効される日本が独立した１９５２年４月28日までの６年８カ月の間、日本は連合軍（実際にはアメリカ占領軍）に占領され、その間の政治の実権はＧＨＱ（連合軍総司令部General Head quartersの略）が握っていました。その私の小学校３年半ばから高校１年のはじめの時期でしたから、そのことをよく覚えています。

この占領期間のうち１９５０年に朝鮮戦争が勃発するまでの約５年間、ＧＨＱはわが国に対して５つの重点政策（武装解除・軍国主義の排除・工業生産力の破壊・中心勢力の解体・民主化）を断行しました。

並行して、その政策を有利に展開するための「ウォー・ギルト・インフォメーション・プログラム」（日本人に戦争犯罪感を植え付けるために大東亜戦争の責任はすべて日本の軍部にありとする洗脳計画）が、新聞・雑誌・書籍・ラジオ・学校教育を介して全国的に徹底して行われました。

これらに加えて、国民を愚民化する３Ｓ政策（スポーツの奨励―Sports、セックスの解放―Sex、映画の普及―Screen）も同時に実施されました。

一方で、極東軍事裁判（＝東京裁判）という国際裁判がＧＨＱ主導の下に開かれ、「平和に対する罪」というこの裁判のために創られた罪で、戦争遂行に関係した軍部・政治家・官僚・財界人など日本の指導者たちの中から、戦争責任を課せられた戦犯者として、5000名を超える大勢の人が逮捕され、そのうちのかなりの人たちが絞首刑をはじめ懲役刑・公職追放などの刑に処せられました。

国際裁判であるにもかかわらず、アメリカの日本に対する無差別空襲・原爆による民間人の大量虐殺といったそれこそ重大な「平和に対する罪」については、全く触れられることなく不問に付せられました。

この事実からだけでも、東京裁判は勝者が敗者を一方的に裁くものであり、正当な国際法に則った国際裁判ではなかったことがわかります。ところが、こうした批判を日本人が行うことすら、占領中はできませんでした。

極東国際軍事裁判（1946年5月3日～1948年11月12日）は、日本と交戦した11カ国（アメリカ・イギリス・ソ連・フランス・中華民国・オランダ・カナダ・オーストラリア・ニュージーランド・フィリピン・インド）の判事によって行われました。

この裁判で最も重視されたのはA級戦犯として訴追された28名（うち2名は病死、1名は発狂したため判決を受けたのは25名）の戦争指導者とされた人たちへの判決でした。判決の内容は、7名は絞首刑・16名は終身禁固刑・1名が禁固刑20年・1名が禁固刑7年、というもので全員有罪とされました。

これに対して、インド代表の判事・パール判事だけは全員無罪を主張し、英文で1275頁に及ぶ判決文を提出しました（他の判事の多数意見の判決文を上回る）。

しかし、裁判では、このパール判事の反対意見は宣告されずに終了しました。

こうした一連の政策がGHQの強い政治力の下で実施されたことで、戦後生まれの日本人は無意識のうちに自虐史観（日本は悪い国であったという自国を貶める歴史観）を植え付けられたのです。その結果、過去の日本の歴史がすべて否定され、伝統的な道徳観まで放棄することになりました。

しかもわが国では、占領が終了した後も、この占領政策の是正・東京裁判判決の再検討が政治的になされないまま今日に至っているのです。

そのことが遠因となって、家庭と学校の道徳教育は行われず、江戸時代から続いた日本の良き生活習慣、民族としての日本人の素晴らしさが、多くの人から再評価されないでいます。むしろ自虐史観が今日も大手を振ってまかり通っており、その結果、日本人としての誇りを持てない国民は、そのまま放置されているのが現状です。

第五節　学校で教えていない江戸時代の日本の素晴らしさに注目しよう

非常に大切なことにもかかわらず、あまり人々の間で話題にならないのが、明治維新の功罪の「罪」の部分です。明治維新がいかに素晴らしい変革であったかは、多くの識者が語ります。しかし物事には、必ず「功罪相半ばする」の言葉の如く、プラス面とマイナス面の両面があります。明治維新についても、それは言えるはずです。

明治維新のマイナス面は、前節でも触れたように、明治政府は国の近代化を急ぐあまり、江戸時代に築き上げた日本人としての優れた人間性を育てた社会システムを維持することなく、国家建設に必要な人材育成にのみ力を注ぎました。その育成の基本となったのが「武士道」でした。「武士道」と共に江戸時代の人々の生き方をリードした2本柱のもう一方の「商人道」については、政府の政策では重要視されませんでした。

これは明治維新が薩摩・長州・肥前・土佐の武士階級が起こした変革であったため、彼らが抱く士農工商の階級意識が、そうさせた面があったのかもしれません。

いずれにしろ、江戸時代の文化を築いた町民たちの生き方の仕組みの基となった「商人道」が明治以後の学校教育で正式な科目として取り上げられなかったことは、今から考えると明治維新の罪であったと、私は考えるのです。

「商人道」の始祖とされる江戸中期の思想家・石田梅岩の思想について、私は拙著『百年以上続いている会社はどこが違うのか？』（致知出版社）で次のように紹介しています。

『石田梅岩の思想は、動物にはそれぞれ固有の行動様式があるように、人間もその人なりの職分があるとし、それを天地の理（自然の理）としています。つまり、士農工商は本来身分の階級差としてではなく、職分の違いと受け止めるべきだとしているのです。そのことを〈商人の利は武士の俸禄と同じである。道徳を守って商いで得た利はたとえ山の如くに至るとも、それは欲心からとは言えない〉と分かりやすい論理を展開し、商人の間で広く支持されました。

当時、武士階級の間で商人を下に見る風潮が強かったことに対し、武士が幕府や藩主の家来ならば、商人は街の家来であるとし、商人も身分上は武士と同じでなければならないとする考え方が出てきました。それは梅岩の思想からきたものです。

この商人を正しく評価した梅岩の考え方は、経済的な力を持ち、世の中での大きな役割を占めるようになってきた商人たちに自信を与えました。

しかし商人の中には、豊かになったことをいいことに、度を越した贅沢にふける人間も多くなっていました。梅岩はそうした商人を厳しく批判し、商人も学問し、聖人の道を学び、正直・倹約・勤勉の三徳の実践に生きるべきであると説きました。

それこそが天地の理、すなわち本来の素直な性（本心）に従う正しい生き方であるとしたのです』

この梅岩の提唱する考え方は、今では当たり前のことですが、明治維新の立役者の武士たちは、自分たちの存在を否定するものと受け止めたのかもしれません。ともかく、「商人道」は明治以後の国民の思想形成に加わることができませんでした。

そのことが官僚・軍部の極端な台頭を許し、以後の日本の歴史に大きな禍根を残すことにつながったとも考えられます。

それと同時に、江戸時代の国民の93％を占めた農民・町民たちが築いた文化を正しく評価し、それを尊重する気風を社会に確立することができなかったのだとも言えましょう。

その背景には、江戸幕府を倒して明治維新を遂げた武士たちが、江戸幕府の統治下で培われた江戸文明を認めたくなかったこともあったに違いないと思います。

そんなことから、私たち日本人は学校教育で、江戸時代の文明が世界的に見ても群を抜いて素晴らしいものであったことを学ぶことはありませんでした。

ところが、室町時代・戦国時代・江戸時代の日本を訪れた数少ない外国人たちは、その当時の日本人ならびに日本の文明についての観察記録を残しており、その中で、彼らの多くが日本の独自の文明を高く評価しています。

しかし、戦前にも増して、戦後の自虐史観に侵された日本人は、そうした江戸時代末期までに日本を訪れた外国人の記録に興味を示すことはありませんでした。日本人の中には、明治維新の罪に気づき、江戸時代の日本の本当の姿を、そうした外国人が新鮮な目で見た記録を情報源に基づいて、改めて紹介し直してくれる研究者もいるのです。

そのひとりが日本近代史家の渡辺京二氏です。氏の著書『逝きし世の面影』（平凡社ライブラリー）は1999年度の和辻哲郎文化賞を受賞しています。

この本では、明治初期までに来日した外国人が残した文献の中にある当時の原日本人とも言うべき人々の日常生活が、多方面にわたって詳細に紹介されています。

同書の「親和と礼儀」の項には次のように記されています。

『通商条約締結の任を帯びて1866（慶応2）年来日したイタリアの海軍中佐ヴィットリオ・アルミニヨン（1830〜97）も、〈下層の人々が日本ほど満足そうにしている国はほかにない〉と感じた一人だが、彼が〈日本人の暮らしでは、貧困が暗く悲惨な形であらわになることはあまりない。人々は親切で、進んで人を助けるから、飢えに苦しむのは、どんな階層にも属さず、名も知れず、世間の同情にも値しないような人間だけである〉と記しているのは留意に値する。つまり彼は、江戸時代の庶民の生活を満ち足りたものにしているのは、ある共同体に所属することによってもたらされる相互扶助であると言うのだ。その相互扶助は慣行化され制度化されている面もあったが、より実質的には、開放的な生活形態がもたらす近隣との強い親和にこそその基礎があったのではなかろうか。

開放的で親和的な社会はまた、安全で平和な社会でもあった。われわれは江戸時代において、ふつうの町屋は夜、戸締りしていなかったことをホームズの記述から知る。しかしこの戸締りをしないというのは、地方の小都市では昭和の戦前期まで一般的だったらしい。ましてや農村で戸締りする家はなかった。アーサー・クロウは明治14年、中山道での見聞をこう書いている。〈ほとんど村にはひと気がない。住民は男も女も子供も泥深い田圃に出払っているからだ。住民が鍵もかけず、何の防犯策も講じずに、一日中家を空けて心配しないのは、彼らの正直さを如実に物語っている〉』

以上のような描写が、当時の日本の各地の出来事について豊富に紹介されています。それを読み進めていくと、江戸時代の庶民の生活の一端が偲ばれ、改めて日本人の人間性が欧米人の目に好ましく映っていたことがわかります。

いや、それは現在の私たちでさえ同じ感想を抱くのではないでしょうか。江戸時代に築き上げられた日本社会のシステムは、人々の徳性に支えられて、完璧なまでに機能していたことが理解できます。

こうした原日本人の生き方を知ると、今の私たちは日本人としての大きな誇りと、この国に生まれたことへの感謝の念を感じます。それだけに、私たちの祖先が築いた江戸文化の正しい姿を学び直し、今後の新たな人生で生かす必要性に気づかされます。

第三章

年金に頼って老後を過ごす時代は終わった

第一節　年金に頼る老後は高齢貧困につながるという危機意識を

日本人の働く人の大半がサラリーマンであることは、これまで再三触れてきました。サラリーマンは、現在の制度では60歳で実質的な定年を迎え、その後は雇用延長によってさらに5年間は勤務できます。しかし給与は2割から5割カットとなるのが普通です。

その定年後の所得カットが不服で、しかも次に仕事のある人は60歳で定年退職していきます。しかし5年間延長の勤務を選ぶ人の方が圧倒的に多いのです。

いずれにしろ、65歳からは満額の年金をもらえます。日本のかつての年金制度は「物価スライド制」といって、物価が1％上がれば、年金の受給額も1％も上がるという仕組みでした。

ところが、2004年の小泉内閣の年金改革で「マクロ経済スライド制」（＝そのときの社会情勢〈現役人口の減少や平均余命の伸び〉に合わせて、年金の給付水準を自動的に調整する仕組み～厚生労働省のホームページ上の説明文）という仕組みに変更になりました。

この仕組みのことを、年金事務を扱う社労士の間では「年金自動カット装置」と呼んでいるようです。なぜそのように呼称しているかと言えば、例えば物価が2%上がっても、「マイナス0・9%」の1・1%しか上がらないというように、厚労省は毎年のカット率を95年後まで設計しているからです。2014年の受給水準を100%とすると、それが2020年には93・6%となり、2030年には84・4%、2040年には71・3%、2050年には59・5%、2060年には50・8%、2070年には42・8%、2080年には35・6%、2090年には30・0%、2100年には25・3%、2110年には21・1%となります。

このように年金は、名目上は物価にスライドして上っていくとしても、一方で自動的に減額されることから、実質上の年金の価値は毎年少しずつ減らされていき、積もり積もって受給開始の2015年から数えて35年後の2040年には約3割も減額になるのです。毎月30万円もらっていた人は21万円になっていくのです。

これに加えて、年金から天引きされるのが介護保険料です。この天引きの制度は各都道府県の自治体が行うもので、2000年時は月額2500円前後でした。しかし2015年~2017年度は、全国平均で月額5514円となり、導入時の2倍以上になりました。

この介護保険料は地域差があり、全体の49％は5500円〜5999円、29％は5000円〜5499円、15％は6000円以上、7％は4999円以下ですが、9割の地方で負担増となっています。

一方、老後の夫婦がゆとりのある生活を営む場合、どの程度のお金がかかるのかを、2014年度生命保険文化センターの「生活保障に関する調査」で見てみると、月額35万円〜40万円となっています。

この金額を年々目減りしていく年金で、すべてまかなえる夫婦は少ないでしょう。

そこで年金受給額を平均20万円とし、月額必要経費を35万円とした場合、月々15万円の不足となり、年額換算で180万円となります。65歳で定年となり、以後無職となって100歳まで生きた場合の年数は35年、その間の不足額は6300万円（180万円×35年）となります。

この6300万円を補うための資金として、まず貯金があります。その貯金額は、金融広報中央委員会「平成25年　家計の金融行動に関する世論調査」（2人以上の世帯）によれば、60代で平均2128万円となっています。

次に退職金ですが、厚生労働省の「平成20年就労条件総合調査結果の概要」によれば、大卒で35年以上勤務した人の平均は２０２６万円となっています。

　そこで不足額６３００万円から貯金２１２８万円と退職金２０２６万円を引くと生涯不足額が２１４６万円ということになります。この額を補うには、どうしても働いて稼ぐしか道はありません。


　そこで定年退職者が職安の職業斡旋を受けて働くとしましょうか。その場合、時給１０００円が相場ですから、１日８時間勤務して８０００円、月間労働日を25日とすると、月収20万円（８０００円×25日）となります。年収換算で２４０万円です。

　この年収額２４０万円を前提に、生涯不足額２１４６万円に達するまで働くとすると、約９年（２１４６÷２４０＝８・94）かかることになります。つまり65歳で定年退職しても、74歳までは働かなくてはならないということです。

　以上の計算は、ゆとりのある生活を営む夫婦の老後を想定してのものでしたが、実際には、ここに挙げたほどの退職金も貯金も年金ももらえない人がかなりいます。そういう人は、74歳までどころか、それ以上働かねばならない事態が起きることになります。

　現に、２０１０年９月28日に都内で開催された一橋大学世代間問題研究機構・日本総合研究所主催の「年金の将来～信頼できる年金制度の構築を目指して～」の政策フォーラムでは、年金の支給開始時期を75歳からにするという一橋大学・稲垣誠一教授の案と、80歳からにするという東京大学・井堀利宏教授の案が提示され、それぞれが真剣に検討された経緯があります。

こうした案が提出される背景には、年金財源が乏しくなりつつある現状があるからです。加えて、すでにドイツとアメリカは年金支給開始を2030年から67歳に、イギリスは68歳にと決まっている先進諸国の事例も考慮されてのことだとも考えられます。

ですからわが国も、近い将来、年金の支給開始年齢を現在の65歳から70歳へ、さらに75歳に、最終的には80歳へと段階的に引き上げられる可能性があると踏んでおくべきでしょう。

私はこうした予測をかなり前から、講演・著作で訴えてきました。最近はマスコミでも「100歳まで働く時代がやってきた」とか「死ぬまで現役」と言ったタイトルの記事が散見されるようになってきています。

79歳になっても働いている私の経験からも、これからの私たちは80歳までは働けると思いますから、これらの記事は何もオーバーなことではなく、そうなる可能性は年々現実味を帯びてきていると覚悟しておくべきでしょう。

そこでこれから老後を迎える人々は、定年を越えても、まだまだ働き続けるという意欲をもって、自分の老後設計を立てていくことが必要だと思います。

そうした老後設計がないと、年金は減額になり、貯金も退職金も使い果たしてしまったとなれば高齢貧困の状態に陥ることになります。それだけは避けたいものです。

第二節　これからは、今の教育20年ではなく、教育40年の構想が必要

これまで触れてきたように、私たちは人生100年の時代を迎えようとしています。その時にあたり、いつまでも現行の教育20年の仕組み（保育園1年・幼稚園3年・小学校6年・中学校3年・高校3年・大学4年）を前提とした人材育成制度に身を託しているだけでは、将来の日本が危うくなるでしょう。

教育20年制度で育ち、それ以後の自己教育をしなかった人は、人生100年を堂々と生き抜くことができない可能性が高いからです。なぜなら、年金が年々減っていき、貯えもどんどん少なくなる老後が避けられないとなれば、定年後も世の中で何か役立つ人材になっておくように、自己変革の教育をしておく必要があるからです。

そうしておけば、80歳過ぎてもしっかり働くことができますし、老後の不安もなく、大

往生の人生を全うできることになるのです。

逆に就職してからは、社内研修を受けるだけで、自ら自己教育をしないまま、漫然と勤め先に身を委ねながら定年まで過ごしてしまうと、老後はずっと経済的不安に苛まれながら過ごすことになります。

そんな老後を送るとなれば、長く生きる意味がなくなります。長く生きるには長く生きるだけの価値のある人生を送らねばなりません。そのためには人生１００年を見据えて、若いうちからそれなりの準備を積み重ねておくべきです。

もっと具体的に言えば、日本人すべてが卒後教育として、定年までに新たな20年の自己教育を施し、最終的には自分の得手を活用した何かのプロフェッショナルになることです。

これからの社会は、お互いが得意な機能を相互に活用しながら生きていく、いわゆる「得意機能相互活用社会」になります。いや、すでにそうなってきています。

ところが何の得意機能も身に付けないまま、相変わらず学歴や社歴にのみ頼っていると、定年後、老後の生活を支える十分な所得を手にできなくなり、高齢貧困の状態を招くことになります。

私は独立後4年半目の１９８３年（昭和58年）に拙著『積極的に生きる』を発刊しました。今から32年前のことです。この本を当時30歳であったサラリーマンのＳ氏が店頭で見つけ、購入してくれました。

Ｓ氏はこの本の「人生百年の計」の新しい人生に対応する心構えについて述べている次の一文が強く印象に残ったそうです。

「第１は、できるだけ早い時期から、自分の人生目標を持ち、それを実現するための努力を少しずつ積み重ねていくことである。大きな目標を小さく割って、長い時間をかければ、好きなことなら大抵のことは実現できる。要は継続すること。そのためにも決して無理な計画を立てないことである。

第２は、他人の目を意識するあまり、自分自身の物差しづくりを忘れないことである。人生１００年の大計には、自分でつくった青写真が必要である。その設計には、自分の物差しを使うのが大前提。他人の借りものでは、途中で目算が狂う。人が何と言おうと、俺はこれでいくんだというバックボーンがあれば、世間が与えてくれる条件は、すべて自分に有利に活用できる。

第３は、過去にこだわらないこと。人間は歳をとってくると、昔のアルバムを見ることに時間を費やすようになるという。過去の思い出に生きるようになると、目がうしろに向いてしまい、前進の体勢がとれなくなるからである。

アルバムの代わりに将来への計画表なり、こうなりたいと思っている自己イメージを絵にして掲げることである。とにかく目を前に向ける仕掛けをたくさん用意することである。とくに定年後はこのことが大切である。過去の地位や身分にこだわって、何もできない人がなんと多いことか。人間は、いつになっても前向きに精一杯生きることが一番立派なことなのである。

第4は、人生の計画は、大きいほどいい。意欲を最後まで持ち続けるためにも、未完のまま終わることを気にしないこと。人に惜しまれつつ仕事をし残してあの世に行ければ、周囲が『あの人もそろそろ死ぬのではないか』と待たれるよりもずっといい。

第5に、いざとなったら度胸を据えろと言いたい。この世の中、やる気になったらなんとかなるものである。私たちがいだく心配事の90パーセントは、実際には起きないという。だったら、不安に思うことにマイナスのエネルギーを使わないこと、目の前にあるやるべきことに熱中しプラスのエネルギーを使うこと。そのほうがぐっすり眠れるし健康にもいい。

人間は、幾つになっても自分にチャレンジすることだと思う。そのことから自分でも気が付かなかった潜在能力を引き出すことができる。自分の偉大さに気が付かぬまま死ぬのはもったいない。たとえ泥まみれになっても、自分自身を完全燃焼できた時、誰が何と言おうと自分が納得できる。その姿勢が人生では必要である」

S氏は、この5つの心構えを紙に書き、それを定年までの32年間、毎朝、繰り返し読み返してきたそうです。その結果、会社では役員にまで昇進し、一方で通勤時間や休日の余暇を活用し、中小企業診断士・社会保険労務士の資格を取得、定年後は自宅を事務所に経営コンサルタントとして独立開業し、第二の人生を順調にスタートしたのです。

S氏は会社勤務の時間以外の自分の時間を自己教育にあて、30年余かけてプロとしての能力を身に付け、長くなってきた老後の人生に夢を抱きつつ、それこそ前進を続けているのです。

S氏の人生は、まさしく教育20年体制から教育40年体制に自らを預け、黙々と努力を積み重ね、その努力で新しい人生を開拓していっているのです。

このS氏の努力を知った人の中には「自分はそこまで長く生きることに対する準備はしたくない。老後は気ままにのんびり生きればいい」と反論する人もいます。

しかし実際に定年を迎えた人の多くが、かつての職場の同僚や高校・大学の仲間で定年後、独立して生き生きと活躍している姿を見ると、「俺もサラリーマン時代にもっと勉強しておけばよかった」と後悔するようです。そう後悔するのは、定年後の人生が自分の想定よりもずっと長くなってきているからです。

私が79歳の今日まで現役として生きてきたこともあって、そのように後悔する人の気持ちがよくわかるのです。

加えて次のことも知っておいてほしいのです。

間もなく80歳になる私ですが、私と同年代の人々との交流からわかることがあります。それは、人間はどこまで長生きしても「早くあの世に行きたい」とは思わないのが心境です。私自身もこの歳になっても、できるだけ長生きしたいと思っています。だからこそ多くの高齢者が100歳まで生きることを目指すのです。

それがわかると、長く生きるだけの価値のある人間に自分を仕立てておかねばなりません。そうでないと社会から爪弾きにされる存在になる恐れがあります。

第三節　若いサラリーマンは定年40歳説に基づいた人生設計を

民主党の最後の内閣となった野田内閣は短命（2011年9月2日～2012年1月31

日）で終わりましたが、その間、首相が議長を務めた国家戦略会議は「繁栄のフロンティア部会報告書」を公表しました。

その中に「40歳定年制」が提唱されており、それがマスコミで話題になりましたが、その多くが否定的な受け止め方でした。40歳でリストラされる制度を政府は推進するのだろうと理解した人が多かったからでしょう。

しかし、この40歳定年説を唱えた繁栄のフロンティア部会の座長を務めた東京大学大学院教授の柳川範之氏は、著書『日本成長戦略　40歳定年制』（さくら舎）でこう述べています。

「そのネーミングから〈40歳で強制的に退職するように政府が決める制度〉と誤解されがちだ。そうではない。これは、全ての人がもっと自由に働き方を選び、65歳といわず、元気でやる気がある限り、75歳でも80歳でも正社員として働けるようにするための提言なのだ。

現実の経済環境の変化は激しく、いわゆる中高年の就職先、転職先がなかなかないのが現状だ。世の中のニーズに合った、世の中に必要とされる能力を身につけていくことも求められる。

40歳定年のもうひとつの狙いは、このような必要な能力をいくつになっても身につけられるように、〈スキルの再構築〉や〈学び〉をサポートすることである。

失業した人、転職をしようと思っている人、あるいは、いまの会社でより高い能力を身につけようとする人、それらの人々が必要と考える能力をできるだけ身につけられるような社会にしていくことが必要だ。

ただし、いつでも学校に行けますよ、というだけでは、実際にはなかなか動かないだろう。人生の途中でスキルをきちんと身につけることを、社会全体の大きな流れにしていく必要がある。そして、そのための政策的なサポートもしっかりしていく必要がある。〈40歳定年制〉という言葉で目指したものは、そのような社会である」


ここに述べられている柳川教授の考え方はまさしくそのとおりです。しかし日本の会社が社員のスキル再構築に身を乗り出すには、まだまだ時間がかかると見ておいたほうがよさそうです。そこで個人としては、会社の施策に頼るのではなく、自己責任で40歳頃を目標に、その頃までに専門能力の構築を成し遂げられるような自己教育を続けていくべきだと考え、そのように実施していくのが、これからの若いサラリーマンの生き方でしょう。

いや、40代〜50代も自己教育の必要性に気づいた時点から、スキル再構築の人生を歩み直すことが、これからの時代には求められると考えることです。

私は学生時代からサラリーマンを経験した後は独立して事業主になろうと考えていました から、入社時からそのための準備を重ねていきました。仕事の現場では、事業主の立場で捉えれば、どうすべきかを考えながら業務に励みました。

また、将来はモチベーショナルスピーカーという新しい講演家として独立したいと目標を立ててからは、仕事を終えた夜の時間や休日を活用して、講演の力の基となる話力を鍛えるために、デール・カーネギー教室や話力総合研究所の長期講座を受け、その後はそれらの講座を指導する講師の助手を務めるようにしていきました。

そうして話力の勉強をする傍ら、すでに講演家として活躍しているプロの先生たちの講演を聴くための時間もひねり出したのです。

幸いに、勤務先の日経ホールや隣の農協ビルのホールや、またその隣の産経ホールでは様々な講演会が催されていました。それらを都合のつく限り、聴くように努めました。おかげで日本の代表的な講演家の話はほぼ聴くことができました。

そのひとりに、産業人研究所所長の故鶴巻敏夫氏がいました。氏は1923（大正12）年の生まれで、東大法学部卒業後、当時の東洋高圧（現在の三井化学）に入社し人事・研修畑で25年間勤務し、部長職を最後に48歳で独立した経歴の持ち主でした。氏は在職中に2年間、イリノイ大学労使関係産業関係研究所に留学の経験もあることから、米国流の話術にも長けており、その情熱的な講演は人々の関心を引き寄せて離さない魅力がありました。

私は友人の紹介で氏の主宰する研究会に出席し、氏と話し合う機会を得ました。その時に氏は「私は48歳で独立したが、あと5年早かったらもっといろいろな冒険ができた。だから独立するなら体力も気力も旺盛な43歳までがいい」と漏らしていました。その鶴巻氏のひと言が、当時39歳であった私の耳に残りました。

それから4年後、私が43歳になった直後、日経に入社してちょうど20年経過した時に独立しました。つまり私の独立には鶴巻氏の言葉が大きく影響していたのです。

その後、鶴巻氏と親しく交わりながら、氏の助言もあり、講演と共に著書も出すことにしました。以来48歳になるまでの6年間は、それこそ働きに働きまくりました。年中無休はもちろんのこと、就寝以外は仕事の鬼として講演・執筆に夢中で取り組みました。その必死な取り組みが世間の支持を得て、口コミで私への講演依頼が全国から来るようになりました。

「深く穴を掘れ、穴の直径は自然に広がる」の言葉通り、自分が選んだ仕事に打ち込んでいるうちに、私の知らないところで私を支援してくれている人がどんどん増えていったのです。

今考えると、こうして仕事一筋に打ち込めたのは、次の2つの背景があったように思います。

ひとつは、何と言っても日経を辞めた結果、私が働かなければ一銭も収入が得られないという状況にあったことです。

まさしく背水の陣で仕事に向かわざるをえなかったのです。それが最大の驀進の要因であったと言えるでしょう。

第2は、日経で活躍し管理職にあった私が43歳で辞めて独立したことに対する事業主の皆さんからの応援があったことです。

今と違って36年前の日本では、大企業に勤めていることは大きな信用でした。それを捨てて何の保障もない世界に飛び込むことは無謀な生き方であるというのが、当時のサラリーマン社会の常識でした。ところが事業主の社会では、リスクを覚悟で自分の選んだ道を懸命に生きる私を評価してくれたのです。

京都の中堅企業の社長は経営者向けの研修会で私の講演を聴き、「恵まれた環境を飛び出し、必死で頑張っているあなたの姿に感動した。どうか今の気持ちをいつまでも忘れないでほしい。その姿勢がある限り、私は応援する」と毛筆による巻紙の手紙を寄せてくれました。

私はこの手紙を10年間カバンに入れ、繰り返し読み続けました。その社長は先年亡くなりましたが、実際、多くの講演を紹介してくれました。

このような私の支援者と数多く巡り合えたことが私の最大の財産となっているのです。

第四節　独立の武器となる自分の得意機能をどう磨くか

21世紀は「得意機能相互活用社会」になる、いやもうなりつつあると、先に述べました。私がこのことを強く意識したのは、日経マグロウヒル社に出向してから、アメリカにおける出版ビジネスの実態と接した時でした。

アメリカマグロウヒル社から私宛に出版に関する資料が送られてきた中に、『LMP』(Literary Market Place)というハンドブックがありました。

これはアメリカ出版関係業者の索引書で、知りたい業者を探すための手引書です。たとえば、出版に関する講演を依頼する時は「Lecture Agents」という項目を引けば、講演斡旋の代理店の名前が検索できるようになっているのです。

ですから、この本さえあれば、居ながらにして出版界の関係業者と連絡が取れ、自分のやりたい仕事を次々と業者を活用して推進していけるようになっているのです。

この一冊から、当時のアメリカはすでに外部の機能を活用できる社会になっていることを知ることができました。


アメリカを後追いしている日本にも、将来はこのような社会になるに違いないと踏んだ私は、「得意機能相互活用社会」という言葉を創造し、そういう社会が到来した時、人々は自分の得意機能を活用して生きていけるようになるだろうと思いました。

その思いがあったからこそ、私の得意機能はモチベーショナルスピーチ（人にやる気を起こさせる講演）であるとして、その道のプロを目指すことにしたのです。

私が『ＬＭＰ』と出合ってから46年が経過しました。この約半世紀の間に、わが国もお互いに得意機能を活用する社会になってきています。そして私自身も自分の専門機能を生かすために他の専門機能を活用して、次々と仕事ができるような状況の中にいます。

もし46年前に私がこの「得意機能相互活用社会」の到来に気がつかないまま時を過ごしていたら、今日の私はなかったかもしれません。この事例からも先見性を発揮して生きていくことの大切さを痛感します。

ですから、今の私の講演では、まず世の中がどう変化していくのかの将来展望をして、それに対して備えるべきことは何かという論法で話すことにしているのです。


ところが自分たちの社会が将来どう変化していくのか、それを予測しながら自分の生き方を決めていくという処世法を身につけているサラリーマンは意外にも少ないのです。一方、心ある経営者は常に先見性を重視し、将来に備える姿勢を忘れていません。また先見性を磨くために、よく勉強しています

サラリーマンから独立する人もやはり先を読む力が強いのが特徴です。そうでなければ独立する気持ちにもならないでしょう。先日、中堅企業に24年勤務し、課長職を最後に独立した地方の広告代理店社長M氏の話を聴く機会がありました。その方は当時、自分の所属する企業グループの広告を扱っている代理店と接触しながら、広告代理店の専門機能を有するようになれば、どこにいても仕事ができることに気づいたそうです。

そこで出身地に戻り、その地元の新聞・雑誌・テレビ・放送などのメディアに、東京・大阪・名古屋に所在する企業の広告を斡旋する広告代理店を営むことにしたのです。

仕事柄、東京・名古屋・大阪に毎週出かけることから、地元の経営者はM氏が持ち帰っ

てくる大都市の最新情報を心待ちにするようになりました。M氏はもともとまめなタイプの人ですから、3まめ（口まめ・手まめ・足まめ）の得意機能をフルに使って情報伝達の役割を果たしていきました。

その結果、地元のメディアからだけでなく、大都市のスポンサーからもいろんな相談が持ちかけられるようになり、今では地元の財界はもちろん、大都市のメディア側にとっても、M氏は欠かせない存在になっています。もちろん、人間関係のネットワークが広がるごとに、広告斡旋ビジネスも順調に伸びているようです。

このようにサラリーマン時代の仕事を通して、自分の得手を生かす専門的な機能を見つけ、それを身に付けていくことです。自分の専門機能が身に付けば、それを武器に将来は独立できます。そういう可能性が存在する社会に日本もなってきたのです。

では、自分の武器となる得意機能を見つけるなり身に付けるにはどうしたらいいのでしょうか。その答えは、日々の生活では何事も前向きに受け止めて、人の嫌がる仕事でも逃げないで引き受けるという積極姿勢を持ち続けることです。嫌な仕事ほど、それを真剣にやれば、そこから思わぬヒントを得られることが多いからです。

ハッとひらめくことを英語ではスパーク（spark）と言います。このスパークは火花という意味ですが、辞書を引くと「ひらめき」という意味もあることがわかります。電線と電線が触れ合うとスパークし火花が散ります。私はこのことから、異質な人物や物事と出会うような普段あまり知らないものと接することで、「ひらめき」を得られると解釈してきました。

そのことは、人が避けたがる仕事を引き受けることによって、そこからさまざまな「ひらめき」を感じて、自分の潜在能力の開発を促進させることを示唆しています。

私のこれまでの歴史を振り返ると、確かにそう言えるのです。

私は中学時代から、みんなが避けたがる生徒会の仕事などを引き受けてきました。中学で生徒会長、高校では1年生で副会長、2年生で会長をやりました。受験勉強の時間が少しでも欲しい時期に生徒会の仕事に関わったことは、大学進学上は不利でしたが、その代わり人の前に立って話す経験をたっぷり積めたことで、私の潜在能力が発揮され、それが今の仕事の基礎を築くことにつながっています。

日経でも、労働組合の職場委員を2度も引き受け、さらに中央執行委員会の役員にもなり、組合員と議論を交わしながらまとめていく経験を積み重ねました。

日経マグロウヒル社に出向してからは、販売会社の役員も兼務し、営業マンの指導から電話セールスの企画・実施などの仕事も引き受けました。また社内のコンピュータ化のためのシステム作りにも携わりました。

さらに『日経ビジネス』の販売に成功してからは、続いて『日経エレクトロニクス』『日経アーキテクチュア』をはじめ技術雑誌の市場調査や販売業務を次々と担当しました。

こうした異質な経験は、独立以後の仕事にどれだけ役立ったことか計り知れないものがあります。講演先にはいろいろな業種があります。全く知らない会社での講演は骨が折れるものですが、私は好奇心を生かして、そうした新たな場に躊躇なく臨むことができるのも、日経退社までの43年間の数々の体験があるからです。

そこでサラリーマンのみなさんには、勤め先を道場と見立てて、そこで異質な体験を数多く踏んでいけば、必ずや自分の専門機能に気づき、将来、プロとして活動できる道を発見できると思ってほしいのです。

職場でどんな仕事にも貪欲に立ち向かえば、人生は必ずや開けると信じることです。

第五節　アニマルウェルフェアが示唆してくれる人生後半の過ごし方

１９９１年に拙著『幸福になる考え方』（こう書房）を書いたこともあって、私は「幸福」「幸せ」「ハッピネス」「ウエルフェア（welfare）」といった幸福に関する言葉や文章には、ことのほか関心が強いのです。

そんな私が２００５年の夏、書店で『アニマルウェルフェア　動物の幸せについての科学と倫理』（東京大学出版会）のタイトルの本を目にし、どんなことが書かれているのかと「はじめに」を読んだ時、著者の東北大学大学院農学研究科教授の佐藤衆介氏の次の言葉に惹かれました。

「アニマルウェルフェアとは『動物の幸せ』レベルである。『動物の幸せ』レベルは科学的にとらえられること、『動物の幸せ』レベルを高くしてやることが人類の持続的発展につながる、すなわち倫理であることを書いたつもりである。そして、このテーマは、『動物の幸せ』を考えるなかから私たちにとって幸せとはなにか、さらに『動物をどう活かしてやるか』を考えるなかから私たちはどう生きるかを問い直す絶好の機会でもある。アニマルウェルフェアに関心がある人だけでなく、生きにくい現代にあって『生き方』を模索している人にもぜひ読んでいただきたいのである」

この佐藤教授のことばに共感した私は、さっそくこの本を購読し、読み進むうちに次の一文に接しました。

「家畜がいきいきと健康に暮らし畜産としても生産性に優れるエジンバラ・ファミリー養豚方式、桑園放牧養鶏方式、放牧用肉用牛生産方式を紹介したが、そのなかで家畜は、あらゆる正常行動を発現している。環境を探査し、多様な食物を食べ、休み、身繕いし、遊び、そして仲間を捜し、仲よくしたり、喧嘩したり、さらには恋をし、子を育てているのである。そのような正常行動が自らと子孫の生存に役立つように適切に発現するには、自分の行動能力をフルに活用しなければならない。畜舎のなかの生活とは異なり、気象環境は穏やかでなく、群飼であるために仲間との摩擦もあり、探査しなくてはならないので運動も多い。一方、休息はけっして多くはない。見た目には楽な生活ではない。しかし、そのなかで家畜は目を輝かせはつらつとし、健康的である。

応用動物行動学者は、すべての行動が機械によって代替され、探査することもなく食事が目の前に運ばれてくる安楽な生活ではなく、自らの行動能力をフルに活用し、食べて、寝て、遊んで、恋をして、子を育てるために大いに働く必要のある生活こそ、動物にとって高いアニマルウェルフェアレベルを保障する〈幸せ〉な生活であると考えるのである」

「アニマルウェルフェア」はanimal（動物）とwelfare（幸せ）の合成語ですが、この言葉を農林水産省では「家畜の快適性に配慮した飼養管理」と解釈しています。つまり家畜の幸せを図るための対策のことを指しているのです。

もともとこの言葉は、欧州の家畜関係者から生まれたもので、その背景には次のような歴史があったのです。

１９７６年、農業目的で飼育される動物の保護のための協定がヨーロッパ先進諸国の間で行われました。その協定では、家畜に対する５つの自由（①飢餓と渇きからの自由　②苦痛、傷害または疾病からの自由　③恐怖及び苦悩からの自由　④物理的、熱の不快さからの自由　⑤正常な行動ができる自由、を中心にしてアニマルウェルフェアの考え方と具体的な手段を普及させることが決議されました。

この協定がきっかけとなり、ＥＵ理事会は加盟国に対し、アニマルウェルフェアに必要な法制度の発行を義務づけました。それ以後２０１５年までに各国でアニマルウェルフェアの施策が実施されてきています。

この欧州の動きに動かされて、アメリカでも１９９６年以降、養豚協会、肉牛生産者協会、鶏肉競技会、鶏卵生産者連盟、酪農生産者連盟がアニマルウェルフェアのガイドラインを策定し、各州で法的な基準を設ける動きが起きつつあります。

この欧米の動きを見て、わが国でも佐藤衆介氏をはじめ関係者の努力によってアニマルウェルフェアに関する基準を設ける動きが出てきています。

このように日本でのアニマルウェルフェアの研究はこれからですが、家畜を自然に近い環境で飼育すると、目を輝かせ精気を取り戻し、潑剌として健康になっていくというのですから、その状況はそのまま人間の生活を考察する場合に非常に参考になるということではないでしょうか。

現代の日本人はその約9割が、生まれて3年目から20年の就学期を迎え、その後は30余年間の就職期を送り、定年になってフリーになるという人生を過ごします。

この就学期と就職期を終えたサラリーマンは定年後のフリーになった時から、誰からも制約されず、自己裁量の下に自由で伸び伸びと好きな仕事をしながら生きる権利を手にできるのです。

ところが、勤め先での生活が長くなると、誰かに拘束されないときちんとした生活ができない人がいるものです。

かつて大阪市でタクシーに乗った時、運転手さんが「個人タクシーの資格を取り、タクシー事業を営んでみたものの、自己管理ができず、どうしても遊ぶほうに時間を使ってしまうので、個人タクシー事業は廃止し、再びタクシー会社に勤め、人に管理される仕事に戻りました」と語っているのを聞いて、人に管理されなければ生きていけない人もいることを悟ったことがありました。

定年で辞めた人が、せっかく起業のチャンスを手にしても、それを生かせないでいるのは、このタクシーの運転手さんと同じような状況に陥る人が多いのではないでしょうか。

ところが独立に際して、自己管理をきちんとこなし、事業経営に成功している人は、自分自身の考えで自由に仕事ができる喜びを感じていますから、サラリーマンの生活に戻ることなど考えたこともないはずです。

私も独立後、3年間は経済的には厳しい生活を強いられました。その間、外資系の会社や中堅規模の出版社から役員として来てくれないかといった誘いがいくつかありましたが、それに応じる気持ちはまったくありませんでした。

人に拘束されながら経済的には楽な生活をするよりも、経済的には厳しくとも自己裁量で伸び伸びと生きるほうに生きがいを感じていたからです。このことは私だけではありません。いったん独立して何とかやっていける目途が立った人なら、誰もが同様の気持ちになるものです。ですから、起業して生活できるようになった人は、サラリーマン生活に戻ることは考えないのです。

このことからも、アニマルウェルフェアの研究でわかったことは、そのまま人間にも当てはまるのです。独立して、日々、目を輝かせながら自分が確立した仕事に打ち込むことが、これからの老後が長くなった時代においては、人間として最も幸せな生き方なのです。そのことを視野に入れながら、人生設計を立てるべきだと思います。

第四章

サラリーマンから独立し成功した人の生き方に学ぶ

第一節　高齢貧困への危機意識が定年前後の独立を準備させる

「成功＝チャンス×準備」と言われています。日本では成功のチャンスは増えるばかりです。世の中の仕組みが大きく変わる時期だからです。少なくとも定年前後から独立し終身現役の新たな人生を歩むという、これからの時代の真の成功を掴むチャンスは、今後増え続けていくことは間違いありません。

では、そのチャンスをものにする準備はどうすればいいのでしょうか。それを学ぶには、世の中が多く変わった明治維新前後の世の中にあって、時代の変化について行き、独自の人生を築き上げた人たちの生き様を知ることです。

明治維新後の我が国には成功のチャンスが満ち満ちていました。しかしそのチャンスを知りながらも、それを活かすことのできた人は、そう多くはありませんでした。なぜならチャンスの到来を知りながらも、それを活かすための準備ができなかったからです。

一方で、しっかりと準備をした人もいました。その一人が福澤諭吉でした。諭吉がどのようにして準備をしていったのか、私はそのことが知りたくて、福澤諭吉自身の著書や論吉に関して書かれてある本をかなり読みました。

その中で最も参考になったのが、福澤諭吉研究者の第一人者として知られた富田正文氏（1898年〜1993年）の『考証福沢諭吉』（上下巻・岩波書店）でした。

その本に基づいて、どのように諭吉は時代の変化に対応していったのかを見てみましょう。

緒方洪庵の適塾でオランダ語を学んでいた諭吉は、主として物理学・化学・生理学・医学などをオランダ語の原書で学び、当時の日本におけるオランダ語の実力者のひとりになりました。

その後、彼は藩命で江戸に出ることになり、中津藩奥平家の中屋敷内の長屋の一軒で蘭学塾を開きました（この塾が後の慶応義塾の起源となる）。

翌年、外国のために開港した横浜を見学に行ったところ、看板の表示はすべて英語のためまったくわからず、そのうえ、外国人にオランダ語で話しかけてもさっぱり通じないので、これからの時代はオランダ語ではダメだと悟り、英語に転向しなければ時代に乗り遅れる、一日も早く英語を学ばなければならないという危機意識を抱きました。

当時、オランダ語を学んでいた人たちは少なからず同様のことを感じたのでしょうが、すぐに英語に転向したのは福沢諭吉だけでした。と言えるのは、横浜から戻った諭吉は、さっそくオランダ語を学んでいた先輩や仲間を訪ね、一緒に英語を勉強しようと呼びかけたにもかかわらず、それに応じた人がいなかったからです。

そこで諭吉は、当時、江戸には英語に秀でた人物が2人いることを知り、さっそくその2人に英語を学ぶことにしたのです。そのうちの一人は、長崎通詞の森山多吉郎です。彼は幕府の外交案件の処理のために江戸に出てきていたのでした。もうひとりは先に触れたアメリカ帰りの中浜万次郎です。

その時の状況を、森山多吉郎の家の塾生として住み込んでいた福地源一郎〈後に東京日日新聞社〈現毎日新聞社〉の社長になり、晩年は劇作家桜痴居士として知られた人で、諭吉よりも5年若い〉が、諭吉の逝去時に『日出国（やまと）新聞』に寄せた弔詞の一節でこう述べています。

「〈福沢君は〉緒方洪庵翁の塾に入りて蘭書を修め、学成りて江戸に来り、奥平邸に寓し、英語を中浜万次郎翁に学べり。当時江戸に在りて、英書を読むものは森山先生、英語を話すものは中浜翁の二人あるのみ。森山先生は小石川に住し、中浜翁は芝新銭座に居り、相距る一里半余、この遠路を意とせずして、余は隔日中浜翁に就いて英語の会話を学び、福沢君も亦時々森山先生の許に来りて英書の読法を授かれり。余と君と相識れる、実に此時に始まる」

しかし諭吉は、超多忙な2人に接して英語を学ぶ時間を十分に得られないとわかり、結局は辞書を教科書にして独学で学んでいきました。幸いオランダ語の達人の域に達していた諭吉には、オランダ語と同じゲルマン系の英語は共に根底は共通していることが分かり、その後急速に英語の実力を伸ばしていったのです。

そして英語を学び始めて1年経った1860年（万延元年）、咸臨丸の艦長木村摂津守の従僕としてサンフランシスコを訪問する機会に恵まれました。この船には万次郎も乗船していたことから、往復約3カ月の間、万次郎と接しながら、じっくりと英語を学び、またサンフランシスコに上陸して生の英語に接しつつ、英語力を高めていくことができましたのではないかと推察されます。

続いて、アメリカから帰国して約1年半後、今度は幕府の遣欧使節の一行に加わり、翻訳方として随行を命ぜられました。使節団は約1年にわたって、香港・シンガポール・セイロン・スエズ・カイロ・アレキサンドリア・マルタ・マルセイユ・フランス・イギリス・オランダ・プロシア・ロシア・ポルトガルを歴訪しました。その間、欧州事情をたっぷり学び、瞬く間に江戸末期の洋学者の第一人者となっていきました。

諭吉は英語をしっかり学んだことで、チャンスを生かし、成功人生を歩むことができたのです。

日本の仕組みがこれから大きく変わると述べました。それは次のことを意味します。

日本はもちろんですが、どの国もこれまでは65歳までの生産年齢人口が働いて税金を払い、その国の運営を支えてきました。

ところが21世紀に入ってから、高齢者の数が激増し、逆に働く世代が減っていくという現象が続いています。その最先端を行くのが日本です。

そうなれば、年金の財源は働く世代が負担するという現行の制度では、年金支給額をはじめとする医療福祉予算を支えきれなくなる恐れが出てきました。その点について、学習院大学教授の鈴木亘氏は、著書『年金は本当にもらえるのか?』（ちくま新書）で次のように述べています。

「厚生労働省やその関係者が言う『年金は破綻しない』という主張自体は技術的には正しいのです。その理屈は簡単で、これまでの年金改革で繰り返し行ってきたように、保険料や税負担を引き上げたり、２０００年、２００４年改正で行ったように、給付カットを行えば、年金財源を技術的に維持することは可能であるからです。しかしながら、問題の本質は、年金財源が維持できるかどうかということではなく、改革の繰り返しの結果として生ずる巨額の世代間不公平と、将来世代の高い保険料・税負担にあります」

この鈴木氏の指摘は、今では誰もが認識するところです。つまり、将来は国民の年金保険料も税負担も高くなり、定年後の年金だけでは老後の生活はおぼつかなくなるので、高齢者は元気でいる間は、働き続ける必要があるということです。否応なく日本は終身現役の時代を迎えつつあるのです。その危機意識を持ちながら老後に備える必要があるというものです。

第二節　人は80歳を過ぎても働ける力を潜在的に持っている

サラリーマンの中には、定年制度の影響もあり、65歳まで働けばもう十分、それ以上働くのは無理だ、あるいは嫌だと本気で考えている人が結構いるものです。

しかし、それは間違った先入観念です。人間は、他の動物と同様に、死ぬ寸前まで働ける潜在能力を持っています。その証拠に80歳過ぎても若い世代と一緒になって働き続けている人が世の中には大勢いるではありませんか。

私自身があと半年で80歳を迎える年齢ですから、それを実感するのです。そのことは何も私だけではありません。プロの講演家の仲間や先輩たちを観察していると、「私は75歳になったら現役を引退する」と言っていた人が、80歳を過ぎても元気に活動している姿を見ると、本当は誰もがどこまでも世の中と関わって働きたいのだということがよくわかるのです。

実は、そのようにどこまでも働く気持ちを持つことが、一個人の立場だけでなく社会全般から見ても、非常に重要なことなのです。

そうと知れば、これからの私たちはいつまでも社会から必要とされる人材になるように自己教育をしていくべきです。

これからは年々生産年齢人口（15歳以上65歳未満の人口）が減少していきます。それに応じて、世の中には年齢を超えて働ける高齢者を求めるようになります。今、プロの社会では、年齢に関係なく、一人前の人間として専門力を発揮できる人を尊重するようになってきています。人手不足がそういう社会的風潮を醸成しているのです。

確かに80歳過ぎても世の中から求められる人は、その道のプロとして若々しく堂々と活躍しています。

私は、終身現役として活動できる力を持つことは、「最高の年金である」と考えています。現役として生活していると、まず健康が維持でき、社会的な存在として責任感も使命感も抱けます。そういう生活を支える終身現役力で生きることがまさに最高の年金と言えるのではないでしょうか。

私はかつて自宅のリフォーム工事を地元の工務店に依頼したことがありました。その工務店は3代も続いている老舗でしたから、下請けの大工・電気工事士・建具師などの専門業者にはかなり年配の人もいました。電気工事の技師は86歳の高齢者でしたが、とてもそんな年齢とは信じられないほど若々しくキビキビと作業をこなしていました。

長年の経験から技術も確かで、電気製品の商品知識も豊富であったことから、私共にとっては満足のいく工事をしてもらうことができました。

建具師も70歳半ばでしたが、やはり技術は一流で、その人が備え付けてくれた建具は狂いがなく、何年経っても不具合が生じていません。また、建具の良し悪しで室内の雰囲気は決まりますから、家族はいろいろな相談を持ちかけましたが、それらも見事に叶えてくれました。

こうした人たちの仕事振りが示しているように、人間の潜在能力の開発は年齢不問なのです。努力を欠かさなければ、能力は無限大に伸びていくと考えられます。ですから自己研鑽に努めながら常に仕事をしていくことが大切なのです。

わが国では2013年4月以降、「改正高年齢者雇用安定法」に基づき、雇用側には60歳で定年を迎えた人が継続雇用を希望者する場合、その希望者を全員継続雇用する義務が生じ、多くの企業はそれに対応しています。

継続雇用をすでに1976年から実施しているのが世界的な産業用冷凍機メーカーの株式会社前川製作所です。この会社は1924（大正13）年に創業され、5000名（国内2300名・海外1700名）の社員を擁する大企業ですが、非上場企業であるためマスコミに出る頻度が少ないこともあって、一般にはあまり知られていません。私は以前からこの会社の「ゼロ定年」制度に関心を寄せ、拙著にもたびたび紹介し、同社に招かれて講演したこともあります。

同社の社員は60歳で定年を迎え退職金も支給されますが、本人が希望し、周りがこれに同意すると、そのままどこまでも働き続けることができます。実際に定年で辞める人がいないことから、「ゼロ定年」の会社と言われるようになったのです。

この制度を維持するために、同社は次のような人事策を以前から行っています。

○50歳になると「場所的自己発見研修」という自己洞察・自己認識を深める目的の研修に参加し、4人一組のグループに分かれて今後の自分の行動計画を作成し、それらを相互評価する（サポートメンバーがトレーナーとして参加）。この研修によって60歳までの10年間に、自分はどういう分野を特化すればいいのか、そのためにはどうすればいいのかが明確になります。

○56歳・58歳・60歳の時にヒアリングとカウンセリングの実施

事前に本人と所属の上司に面談シートを送り、記入された内容をもとにカウンセリングを行う。50歳の時に立案した行動計画のフォローアップにもなっている。

特に60歳時のカウンセリングでは、再雇用にふさわしい条件（健康でやる気があること・自分が続けていきたい仕事がはっきりしていること・周囲の仲間たちとの人間関係が良好に保てること）を備えているかが問われる。

○再雇用にふさわしいと認められると、次の雇用条件の下で勤務することになる。

・60歳以降は1年ごとに契約更新

・勤務形態はフルタイム（1日8時間×週5日）

・雇用の上限年齢なし（周囲の了解が得られれば年齢制限なく勤められる。実際に80歳を過ぎても働いている人がいる）

・賃金は59歳時の60％＋ボーナス
・社会保険に加入し、福利厚生は現役社員と同じ

この人事策のポイントは、50歳になった時に自分を見直す研修を行い、グループ討議で、他者の目で見た自己分析を行い、より客観的な自己洞察を行うことです。

このことによって、社員は50歳以後の10年間の人生設計を立て、60歳に向かって万全の態勢で臨めます。

つまり、50歳で自己の潜在能力の開発に時間を投入する生き方を選ぶことで、無駄な回り道をしないで、早めに老後の終身現役の準備をスタートできるわけです。

同社の産業用冷凍機の製造・設置の仕事は、チームで行うために長年培った技能・経験・勘が重要です。そのチームに高齢者が加わると、トラブルが少なく、生産効率も高いことから、高齢者の存在は同社にとって欠かせない戦力になっているのです。

同社の事例を理解するには、社員の多くが機械工学・電子工学・化学工学の技術者で、常に世界レベルでの技術競争にさらされているために、みんな勉強家であることです。突然50歳から勉強するわけではないのです。

長い老後を生き抜くには、普段から自己研鑽を続けることで潜在能力を高めていける実

態がここに読み取れます。

第三節　人生には「引き」が最重要であると認識することが成功への第一歩

成功していく人には優れた専門力が必要なことは言うまでもないことで、そのことは誰もが認識しています。しかしそれ以上に重要なのが他者からの「引き」です。「引き」とは、他者から援助・応援・支援・支持・紹介を受けることの総称です。

人はひとりでは生きられません。どんな人も他者の支えがあって生きていけることは言うまでもありません。その支えを量質ともに多く得られ、あわせて本人も人一倍努力した人は、間違いなく自分の選んだ道で成功していくのが、この世の習いです。

一方、本人に優れた才能があり努力をした人でも、引きがない人は残念ながら思いどおりの人生を長く歩んでいくことは難しいのです。そうした実例が世の中には満ち満ちています。またその逆に、実力は普通なのに仕事で成功できる人がいます。それは「引き」に恵まれた結果なのです。

私は、独立後、事業を展開していく過程の数々の場面で、生きていくうえで「引き」を得ることがいかに重要であるかを痛感しました。ですからよく言われる「一引き、二運、三力」の言葉における3つの順位の意味がよく理解できるようになりました。

どんなに運がいい人、実力がある人でも、「引き」を手にできない人は、成功の舞台に登場することができないものです。そして、その逆に「引き」を大切にしている人は、人生を上手に生きています。その実例を次にひとつ紹介しましょう。

昭和54年に「社会教育家」という職業名を用いてプロとして独立した私は、この職業名を使って講演活動をしている方の存在を知ると、その方がどういう人物なのかに興味を抱いてきました。そのうちのひとりが、日本一のお好み焼き専門店をチェーン展開している千房株式会社の社長中井政嗣氏です。

中井氏は2008年6月30日のテレビ東京「カンブリア宮殿」にも出演したほどの大阪を代表する成功者ですが、一方で社会教育家としても大きな実績を積んでいます。

氏の会社の社訓は「出逢いは己の羅針盤～小さな心のふれあいに己を賭けよ、そこから己の路が照らされる」となっています。

氏は、この「出逢い」について、自分の経験を通して次のように語っています。

〈「出合い」は偶然、かつ瞬間的なもの、「出会い」はお互いが会いましょうと約束したもの。「出逢い」というのは、出合いや出会いを経て、「あなたに逢いたい」という人の想いが込められたもの。
ひとつひとつの小さな「であい」を大切にすることで、それが「出逢い」に発展する。そして「出逢い」が自分自身を成長させ、己の歩みを教えてくれる〉

千房の社訓は、株式会社設立時、中井氏が決めたのです。つまりこの社訓は、氏がオーナーになるまでの経験がベースになっています。氏はよく、「学歴もお金も才能もない私が、ここまで歩んでこれたのは、さまざまな人の支えがあったからにほかならない」と語っており、この言葉が出逢いを重視する氏の姿勢を示しています。

氏は中学を卒業と同時に乾物屋に丁稚奉公して商売の基本を身に付け、20歳で義兄の経営するレストランでコック修業を始めました。そのうち義兄の「お好み焼き屋の家主が経営者を募集しているので応募してみては」との勧めに、気は進まないものの応募したところ、１００人近い募者の中から氏が選ばれたのです。氏が持つ雰囲気がよかったのでしょう。そこで22歳の時、結婚と同時にお好み焼き屋をスタートしました。

お好み焼き屋の商売が順調に行くようになった6年目に、突然、家主から契約解除が言い渡されました（開店の時、「敷金・保証金なし」の代わりに、家主の都合で閉店する時はそれに応じることを約束させられていた）。

その時のことを氏は月刊誌『致知』(2015年6月号)における株式会社ミキハウス社長の木村皓一氏との対談記事の中で、次のように述べています。

「一家路頭に迷うのかとどん底に突き落とされた思いでしたね。ところが、地元の三福信用組合の理事長さんが『独立しなさい。応援してあげる』と言って三千万円を無担保融資してくださいました。貯金が八十万円しかない私にですよ。

後で事業が軌道に乗った時に、その理事長はこうおっしゃいました。『実は中井さん、あなたには大きな担保があったんや』と。そう言われても何も心当たりはありません。よく聞いてみたら、こういうことでした。

父親が亡くなり独立を夢見た時、兄が私に『独立しようと思ったらお金を貯めなあかん。お金を貯めるコツは簡単や。使わんかったら貯まる』と教えてくれたんです。

そしてこんな話をしました。『ちりめんじゃこは口にしたらすぐに熔けるやろう。食べたらあかん。それを餌にサバを釣れ。サバを釣ったら一日は食える。でも、食べたらあかんねん。サバを餌にしてマグロを釣れ。マグロを釣ったら一カ月くらいは食べられる。でも、もう一回辛抱せえ。マグロを餌にしてクジラを釣れ。クジラを釣ったら一生食える。もう一つ、金銭出納帳をつけろ』、とも教えてくれました。小中学校で絵日記もろくにつけたことのない私ですけど、金銭出納帳をつけてたら独立できるんか、とすがる思いで徹底的に実践しました。理事長が「中井さんには、すごい担保の裏付けがある」と言ってくださったのも、お好み焼き屋をしながらつけていた金銭出納帳を、何かの折に見られたからでした。そのことを聞かされた時、継続が大きな信用に繋がっていることを改めて認識したのです」

現在の千房1号店がこの理事長の「引き」があってスタートでき、それが日本一のお好み焼き屋チェーン店の存在につながっているという中井氏の歴史を思うと、事業経営にはいかに「引き」が大切かを改めて知らされます。

このことは、規模の大小を問わず、すべての事業・人生に通じるものです。ですから成功している事業主に共通するのは、「引き」を大切にする習慣に長けていることです。当然のこととして、中井氏がまさにその模範のような方です。

社会教育家の肩書で先にプロとしてスタートした私に対して、中井氏は講演会や出版社の会合などで私を目にされると、年齢でも先輩格にあたる私に挨拶にこられます。そしてその後、重ねて直筆のお手紙まで届けてくださいます。

氏のこの姿勢に接するたびに、「大才は袖触れ合う多少の縁をもいかす」という言葉を思い浮かべ、中井氏のご縁を大切にされている素晴らしい習慣に感動させられます。

中井氏と同じように体ひとつから事業を立ち上げて成功している人は、出会いを生かす筆まめの習慣を身につけています。水戸光圀の有名な句「見ればただ何の苦もなき水鳥の足にひまなき我が思いかな」のように、悠然と泳いでいるように見える水鳥は、水面下では足を常に動かしているのです。

その状況と同じように、成功者は人の見えないところで、普通人の何倍もご縁を大事にする習慣を実践しています。しかもその多くがクイックレスポンスです。即時対応の習慣が身についています。私は良き人間関係を築くには3まめ（手まめ・口まめ・足まめ）、つまり筆まめ・電話まめ・訪問まめの3つの即時対応動作を重ねることであると言い続けていますが、このことを本気で実践した人は成功の道を歩んでいます。

第四節　良客の研究から人生成功の道が見えてくる

「商売はいいお客様の数で決まる」の言葉を、私はどれだけ口にしたことでしょう。それほどこの言葉は商売・事業の原点を突いていると思うからです。

商売は長続きしてこそ本物です。長続きするには、いいお客様に支えられることが肝心です。前節で述べた「引き」をいただけるからです。そのために「あの店（会社）はいいよ」とお客様に言ってもらえるような存在になることが必要です。

それでは、どうしたらそうなれるのでしょうか。その答えは、凡人でありながらも自分の仕事で長く成功している人に見られる特徴を見抜き、そこから学ぶことです。

私は日経時代から、そうした視点で人を見てきました。老舗の存在に注目したのも、あるいは年齢を超えて活躍している人に注目してきたのも、そのためです。

これまでの拙著でたびたび紹介してきた本があります。『私はどうして販売外交に成功したか』（ダイヤモンド社）です。著者はアメリカの生命保険業界でトップセールスマンになったフランク・ベトガーです。この本の邦訳初版は１９５３年ですから、もう62年もロングセラーを続けている名著です。

私がこの本を手にしたのは54年前の１９６１年です。半世紀以上も前のことになりますが、今でも時々読み返しており、私の愛読書の一冊です。とくに次の一節は、何度読んでも飽きません。

「私は、販売生活32年間の友人、知人を通じて、仕事に情熱を傾けることによって収入を二倍にも三倍にも増したセールスマンをたくさん知っている。また情熱を燃やさないために失敗した、多数のセールスマンも数多く知っている。

私は熱意こそ、販売に成功する最大唯一の要素であると確信している。私はある保険の統計学的権威者を知っているが、この人は優に保険に関する本を一冊書けるだけの知識をもっていながら、保険契約を取ってりっぱな生活をするということはできない。それは、どういうわけだろうか。彼には契約を取るということに対しての情熱が足りないのが最大の原因である。また私の知っているあるセールスマンは、保険についてはまことに貧弱な知識しかもっていないのに、それでも多額の契約を取って、豊かな生活をつづけながら、二〇年間この仕事に従事していた。この人はスタンレーゲッティスという人で、現在は引退して、フロリダのマイアミ海岸で豊かな生活をしている。

このようなすばらしい成功をおさめた原因は、けっして知識の力ではなく、仕事に打ち込む情熱の力によるものであった。仕事に対する情熱、これこそは百の理屈、千の理論も及ばない。（中略）

情熱をあなたの心に燃やして、火の玉のようになって仕事にぶつかっていけば、必ず目的を達成できる。私はこの三二年間の経験で、この言葉をはっきりとあなたに伝えたい」（同書8頁）。

いつの時代でも、どの国でも、顧客は情熱をもって仕事に真剣に打ち込んでいる人が大好きなのです。その証拠に、熱気あふれる店にはいつも客が集まっています。

２０１５年2月に発刊された拙著『百年以上続いている会社はどこが違うのか？』（致知出版社）で、36年間、年中無休で、朝11時半から夜10時まで、家族３人が命懸けで仕事に打ち込んでいる熱血漢の店・熊本市の「レストラン花の木」を紹介しました。

それを読んだ読者が熊本県下はもちろん、九州全域から、あるいは東京・大阪・金沢そしてアメリカからも続々と同店を訪れているのです。

訪問客のひとりである熊本県玉名市の方から私に便りがあり、そこにはこう記されていました。

「カレー作りに対する情熱、仕事に対する情熱、人間関係に対する情熱、そして何よりご一家の笑顔に感動しております。今日いただいたカレーライス、ハンバーグは世界一です。心がこもっています」と。

この一例からでも、人々は情熱をもって仕事をしている人に魅せられていることがよくわかります。

１９７７年春、私は日経マグロウヒル社の販売責任者としてニューヨークの米国マグロウヒル社の役員会に出席しました。その折、役員たちからブロードウェイで行われている舞台ミュージカル『王様と私』を観ることを勧められ、一等席の入場券を手配してくれました。

このミュージカルは当時ロングランの人気舞台劇で、役員たちはその舞台を何回観たかを自慢し合っており、最高は15回、平均は7～8回でした。

私が観たのは、主演のユル・ブリンナーが62歳の時の、彼が亡くなる7年前の舞台でした（彼はこの舞台を1951年以来34年間で4621回も務め、1985年10月に肺がんで亡くなりました）。

しかし人々はどうしてそんなに彼の舞台を幾度も観にいくのか、私にはさっぱり見当がつきませんでした。ところが舞台で王様役のブリンナーが舞台いっぱいを使って激しく踊っている姿を見て、その理由がわかりました。

一等席であったため、彼が汗をびっしょりかきながら、大きなアクションで必死に踊っている様子を間近に見ることができ、彼の舞台に対する真剣さ・熱意がこちらに伝わってきて、大きな感動を覚えました。

62歳になっても一回一回の舞台に命を懸ける一所懸命な彼の姿に、人々は心を動かされ、結果的に何回も観るようになるのだろうと、私は理解しました。

この時の感動を私は講演で話す時があります。それを聴いた人たちの中には、自分は最近、何事にも心から打ち込んでいないな！とハッと気づく人もいるようです。

世の中は、ある意味では単純明快です。本気で仕事に情熱を傾けている人は、人々の支持を得ていくのです。その逆に、仕事に慣れて無意識のうちに本気度を減退させていくと、人々はそれを感じて、その人を応援する気がなくなるのです。この現象は、どんなに時代が変わっても、変わることはありません。

ですから、何事も初心者のつもりで、目の前の仕事に真剣に自分を投入していくことが求められるのです。

ところが最近は、情報の多様化で、興味が湧くことがたくさん出てきていることもあって、ひとつに絞り込んで、そこに力を集中する大切さを忘れ、むしろ一点集中し、それを続けることは間違っているとさえ考える人もいるのです。

しかしその考え方は甘いと思います。まず集中してじっくり仕事に取り組み、それが順調に軌道に乗ってから、その周辺のことに手をつけていくという「一専そして多能」の順番を守らなければなりません。それが本来の人間が成長していく姿です。

「深く穴を掘れ！　穴の直径は自然に広がる」という自然の現象は、私たちの生き方にもそのまま当てはまるのです。

だからこそ、単純と思えることを馬鹿馬鹿しく思って、それを軽視することがいかに危険なことであるかと成功者ほど知っているのです。

第五節　早朝から夜まで人の2倍働く人は成功する

『日経ベンチャー』（現『日経トップリーダー』）誌の1999年4月号の「一念発起」欄に、日本電産株式会社社長永守重信氏の「人の二倍働けば必ず成功する」と題する一文が載りました。私はこの掲載頁を今もカバンの中に入れて持ち歩いています。そして私自身繰り返し読み、またオーナーの方には読んであげています。この一文は今ではなかなか手に入りませんから、以下に紹介しておきましょう。

「1973年に小型モーターメーカーとして当社を設立して以来、私は土日も休まず働き通している。目指すは連結売上高1兆円の達成。いまどき、そんな大目標を掲げて、増収増益を続けている会社がすくないからか、『成長の秘密は何か』とよく尋ねられる。私の答えは創業以来、変わらない。ハードワークだ。よその会社が8時間労働なら、うちは16時間働く。ずっとこの精神でやってきた。

この考え方に違和感を覚える人もいるだろう。特にバブルの時代には、『あなたは古い』

とよく言われた。実は私もその頃は、自分の考えが間違っているのではないかと悩んだ。

新卒者の採用時には、当社の仕事ぶりを説明するとしり込みしてしまい、内定者の１割たらずしか入社してくれない。友人が経営する不動産会社は社員が10人ほどしかいないのに、社員８００人の当社の３倍以上の利益をあげていた。『楽に儲けられる会社がいい』と辞める社員も増えた。

それでも信念を貫けたのは、今年２月に亡くなった母の言葉があったからだ。サラリーマンを辞めて事業を始めようとした時、母は猛反対した。だが、最後には『人の２倍働けるか。それができれば必ず成功する』と言ってくれた。

どんな人間にも、どんな会社にも、１日24時間という条件は平等だ。その中でどれだけ仕事に打ち込むかが成否の分かれ目になる。楽することなど考えていては到底、勝ち組に残れない。

バブル崩壊後、当社の業績は飛躍的に伸びた。ハードワークを厭わない集団になっていたからだと思っている。『時短だ、ゆとりだ』とみんなが叫んでいる時に、時流に染まらなかったことは経営に取り組むうえで自信にもなった。

若い起業家にはこう言いたい。いまは日本人の大半が将来を悲観的に見ているが、そんな常識に惑わされてはいけない。体と頭を休ませず、フル回転し続ければ必ず飛躍するチャンスがくる、と」

永守氏がこのように語った16年前の日本電産の連結売上高は１３００億円（１９９９年３月期）だったのです。それが現在では1兆２８３億円（２０１４年度3月期）になっています。この数字が示すように、まさしく永守氏は大目標に掲げた売上高を見事に実現させたのです。そして今も年中無休・長時間就労を続けているのです。

戦前から戦後にかけての日本の大企業には、永守氏のような創業経営者が大勢いました。思いつくまま生年月日順に列挙してみましょう。

小林一三（阪急）・出光佐三（出光興産）・石橋正二郎（ブリヂストン）・早川徳次（シャープ）・豊田喜一郎（トヨタ）・松下幸之助（現パナソニック）・市村清（リコー）・本田宗一郎（ホンダ）・井深大（ソニー）・盛田昭夫（ソニー）などなど、それこそ枚挙に暇がないほどです。

私が日経に入社した１９５９年（昭和34年）頃は、こうした創業者のほとんどがまだ現役として活躍していましたので、その言動をマスコミで知ることができ、その都度、大きな刺激を受けたものでした。

私の本棚には、今もこうした創業者に関する書籍が数多く並んでいます。それらの著作を通して、多くのことを学ぶことができましたので、古本として処分する気にはなれないのです。これは私だけのことではありません。現在70代以上の世代には共通の傾向なのです。

こうした創業経営者は、永守氏と同じように事業に命を懸けた人々です。いや、それは彼らだけではありません。彼らと同世代の人々の多くは、みんな命懸けで働いていたのです。永守氏の母親が「人の2倍働け」と息子に語ったように、世の親たちは口に出すか出さないかは別にして、そうしてきたのです。

私は講演の中で武田鉄矢が博多弁で語る「母に捧げるバラード」の中の次の台詞を、私も九州弁で紹介することがあります（私の両親は熊本県人で、私も福岡県大牟田市で高校時代まで過ごしましたから、博多弁の真似ならできるので）。

「行ってこい、あんた何処でも行ってきなさい。
かあちゃん、あんたのごたる息子がおらんごとなっても、何も寂しゅうなかよ。
鉄矢、ひとつだけ言っとくがなぁ、
人様の世の中に出たら、働け、働け、働け、鉄矢。
働いて、働いて、働きぬいて、休みたいとか、遊びたいとか、

そんな事おまえいっぺんでも思うてみろ、
そん時は、そん時は、死ね、
それが人間ぞ、それが男ぞ。
お前も故郷を捨てて花の都に出ていくかぎりは、
負けたらつまらん、負けたらつまらんたい。
輝く日本の星になって帰ってこいよ。
行ってこい、あんた、何処にでも行ってきなさい、
かあちゃん、何も寂しゅうなかばい」。

私がこの台詞を鉄矢の母親の気持ちになって心を込めて語り出すと、会場はシーンと静まっていきます。とくに団塊の世代が多い会場の場合は、みんなも、かつて両親から武田鉄矢のお母さんと同じようなことを聞かされているからでしょうか、共感の輪が広がっていくように感じます。なかにはハンカチでそっと涙をふく方も出てきます。

私自身も、引揚者の家族でしたから、戦後、生活を維持するために必死で働いていた両親の姿が今も瞼に焼き付いていますので、この鉄矢のお母さんの気持ちがよくわかるのです。

と同時に、昨今のように勤勉志向から快楽志向へと流されている日本人を見ると、こんな日本人が増えていけば、この国の将来は危うくなると思ってしまいます。

やはり日本人は、どんな時代になっても、勤勉に生きる姿勢を貫くことだと思います。とくに若い時代は、仕事一筋に打ち込み、そのことを通して自分の力を磨くと同時に、多くの人たちとの良好な人間関係を築いていくことに意を注ぐべきです。

そうした生活態度を維持していれば、必ず世間の人々が手を差し伸べてくれ、自分の生きる道を教えてくれます。人生の後半で成功していく人は、みんな若い時代に仕事に徹した経験の持ち主です。それが道を開くことにつながっているのです。

今の時代は、世界的に見ても快楽志向に向かう人で世の中は満ちていますが、そうした中で黙々と仕事に徹している人もいるのです。全体の20％ほどの人がそうです。

私たちは、そういう勤勉派の人間になって生きていきたいものです。

第五章

引きの力を磨き続けるコツを身に付けよう

第一節　まず良き生活習慣の奴隷になろう

ニューヨーク・タイムズ紙の記者チャールズ・デュヒッグが書いた『The Power of Habit』（邦訳『習慣の力』講談社）のプロローグに、次のような個所があります。

『「私たちの生活はすべて、習慣の集まりにすぎない」

１８９２年にウィリアム・ジェームスはそう書いている。私たちが毎日行っている選択は、よく考えた末の意思決定だと思えるかもしれないが、実はそうではない。それらは習慣なのだ。一つ一つの習慣はそれほど重要ではない。しかし長期的に見ると、食事で何を注文するか、毎晩子供たちに何を言うか、お金を貯めるか使うか、運動をどのくらいするか、考えをどうやってまとめるか、そしてどんな手順で仕事をするかといったことが、その人の健康や効率、経済的安定、幸福感などに大きな影響を与えている。デューク大学の学者が２００６年に発表した論文によると、毎日の人の行動の、じつに40％以上が、「その場の決定」ではなく「習慣」だという』

このチャールス・デュヒックが指摘しているとおり、私たちの普段の行動を決めている大半の要因は習慣なのです。ですから、昔から賢人は「良き生活習慣の奴隷になろう」と言っています。それは良き生活習慣を身につけることによって、周囲の人々の支持を得、自分の仕事を成功させ、人生の幸せを摑むことができるからなのです。

ところが、戦後の日本では、残念ながら良き生活習慣を身に付ける教育が軽視されてきました。

人間学の大家として今なお多くの人々に慕われている故森信三氏は、数々の名言を残しています。その一つに次のような言葉があります（『森信三・魂の言葉』ＰＨＰ研究所）。

『教育の三大部門として、①技術教育および②知識教育、そして③人間教育とありますが、そのうち、最後の、最も重要なるべき〝人間教育〟が閑却せられたために、充分にその真価を発揮するに至らなかったのが、いまや日本民族の現状です。

人間教育こそが、真に国家民族の将来を救い得る真の道であることを、いま改めて通身徹骨、肝に銘ずべきでありましょう』

森信三氏が危惧したことは、まさしく今の日本の深刻な問題になっています。昨今、両親や祖父母そして大切な友人を殺害する事件が頻発していますが、このような残忍極まりない出来事が起きるとは、かつての日本では考えられないことでした。

ところが、戦前生まれの人たちが定年退職していった２０１０年頃から、世の中の規律が大きく乱れ、善悪よりも損得を優先する価値観が、より一層強くなり、自分さえよければいいという風潮が広がってきています。

それはまさしく戦後の人間教育、すなわち道徳教育が、社会全体で軽視されてきた結果なのではないでしょうか。

では、こうした荒廃しつつある世の中を再建していくには、どうすればいいのでしょうか。その明快なる答えは、森信三氏提唱の次の「再建の３大原理」、

1、時を守り、

2、場を清め、

3、礼を正す

の3カ条をまず家庭で、そして職場で実践することです。

この3カ条の中でも、今の日本で最も正すべきことは、3条の「礼を正す」と2条の「場を清め」の2項目です。

森信三氏は、その2つを具体的に実践するために、「しつけ3原則」という親が子にしっかり身につけさせるべき義務として次の３つを提唱しています。

（1）朝起きたら必ず親や祖父母に対して、朝のあいさつのできる子に。

（2）両親や祖父母に呼ばれたら、必ずハイとはっきり返事のできる子に。
（3）ハキモノを脱いだら必ずそろえ、席を立ったら、必ずイスを入れる子に。

私は社会教育家としてスタートした時、この森信三氏の提唱する「しつけ3原則」を世に広めることが、私の第一の役割ではないかと思い、この3原則を「挨拶・返事・後始末」と表現し直し、あらゆる講演と著作の中で繰り返し訴えてきました。

加えて、森信三氏が唱えられた次のことを付け加えるようにもしています。

○「しつけ3原則の他に、言葉のしつけとして次の2つを付加すれば一応完璧と言えます。（1）「ありがとう」と、（2）「ごめんなさい」。前者は感謝の念のタネ蒔きであり、後者は自己反省を表わす最初のタネ蒔きと言ってよいでしょう」

この「しつけ3原則」の実践を36年間、ずっと訴えてきた私が明言できるのは、これを本気で実践した家庭・職場は必ず驚くほど改善していくことです。それは実践した人なら誰もが経験できることです。

「しつけ3原則」を実践していると、家庭も職場も環境が整ってきます。そうなると不思議に、そこで生活する人々の意識も行動も穏やかになり、他者に対する気配りの力も増してきます。つまり感じのいい雰囲気の家庭や職場になっていきます。

拙著『百年以上続いている会社はどこが違うか？』（致知出版社）で紹介している岐阜県恵那市の東海神栄電子工業株式会社の社長田中義人氏は、1991年にイエローハットの創業者鍵山秀三郎氏と出会い、掃除道に目覚めました。

それから24年の間に、田中氏はＮＰＯ法人「日本を美しくする会」を創設して会長に就任し、日本全国に、そして最近は台湾・中国・インドをはじめとするアジアからニューヨーク・イタリア・ルーマニアの欧米にまで掃除道の輪を広げています。

「日本を美しくする会」の運動に協賛し、各地で行われている「掃除に学ぶ会」に参加している人は、掃除を通じて時間厳守、気づき、物を大切にする心、感謝と感動の心、謙虚さ、人間関係の大切さ、などの心豊かな人間性が次第に磨かれていくことを自覚できるようになります。

そして、いつの間にか自分が周囲の人々に受け入れられ支持される人間になっていっていることにも気づかされます。

私は「日本を美しくする会」の田中会長とは30年来のお付き合いですが、氏が経営者として、人間として年々成長を遂げられていることに、大きな感銘を覚えていますが、それは「しつけ3原則」を実践されてこられた結果でもあろうと考えています。

良き生活習慣を実践することで、人は良き出会いに遭遇し、そのことによって家庭面でも仕事面でも、そして社会面でも、自ら良き変革を生んでいくのです。

田中氏の存在がそれを示しています。氏の活動の実際を知る意味でも、「日本を美しくする会」のホームページを通して、活動に参加している人たちの感想を読んでほしいと思います。

良き生活習慣の奴隷になることは、間違いなく正しい人生道を歩むコツなのです。

第二節　「少欲知足」の思想の持ち主は勤勉家で人に好かれる

幕末から明治時代の初期に日本を訪れた欧米人は、日本のどこへ行っても、人々は決して裕福な生活をしているわけでもないのに、みんな親切で明るく純朴で、身なりも家の中も外もすべて清潔であることに感心しています。

先にも紹介した日本近代史家の渡辺京二氏が著した『逝きし世の面影』（平凡社ライブラリー）は、ぜひ読んでいただきたい本です。

この本は、幕末から明治維新前後に日本を訪れた欧米の知識人が当時のわが国の文化・文明・民度に接して感じたことを書き残した膨大な文献を丹念に調べて、その代表的な記述をまとめたものです。そこには江戸時代の日本人は、世界的に見ても素晴らしい民族であったことが描かれています。

その第三章「簡素とゆたかさ」では、アメリカの初代の駐日公使になり、下田の領事館で過ごしたタウンゼント・ハリスの日記の次のような個所が紹介されています。

○「民の身なりはさっぱりしていて、態度は丁寧である。世界のあらゆる国で貧乏につき物になっている不潔さというものが、少しも見られない。彼らの家屋は必要なだけの清潔さを保っている」

○「ここの田園は大変美しい。——いくつかの険しい火山堆があるが、出来る限りの場所が全部段畑になっていて、肥沃地と同様に開墾されている。これらの段畑中の或るものをつくるために、除岩作業に用いられた労働はけだし驚くべきものがある」

○「人々は楽しく暮らしており、食べたいだけ食べ、着物にも困っていない。それに家屋は清潔で、日当たりもよくて気持ちがいい。世界のいかなる地方においても労働者の社会で、下田におけるよりもよい生活を送っているところはあるまい」

このハリスの記述と同じような内容のものが、当時、わが国を訪れた欧米人の滞在記には数多く記されています。彼らの共通の驚きは、経済的には決して豊かとは言えない多くの日本人が、それに不満を抱くこともなく、清潔で、明るく、勤勉で、正直な生活を送っていることでした。欧米の民衆ならば、不平不満を述べるはずの質素な生活を、日本人がむしろそれを楽しんでいる様子を垣間見て、彼らはその姿に理解を越えるものを感じたに違いありません。

では、そのことを私たちはどう理解したらいいのでしょうか。

答えは「少欲知足」の思想にあると思います。

「少欲知足」とは、欲を少なくして足るを知るという意味ですが、要は、身分相応の生き方を指していると理解できます。

この「少欲知足」は仏教の教祖・釈迦が、臨終の際に遺した最後の教えであり、この言葉は、釈迦の最期の教えを綴った『仏遺教経』において、次のように記されています。

「足ることを知っている者は、地べたに寝るような生活であっても幸せを感じている。しかし、足ることを知らない者は天の宮殿に住んでも満足できないし、いくら裕福であっても心は貧しい」

つまり「少欲知足」の生き方は釈迦の遺言なのです。

この遺言を含めて釈迦の教えである仏教がわが国に伝来するまでの日本人の宗教は神道でした。神道はあらゆる自然現象に神が宿るとする民族信仰・自然信仰が起源であり、「浄明正直」（清く・明るく・正しく・真っ直ぐ）を徳目としています。ですから、日本人が清潔好きであることは、古くからの民族の慣習なのです。そこへ仏教の教え「少欲知足」が伝来し、それが素直に受け入れられたと考えられます。

したがって戦後、わが国がアメリカに占領されるまでの日本人の生き方は、「浄明正直」「少欲知足」の倫理観がベースとなった日本的な様式が主流でした。戦前の日本人が綺麗好きで、我慢強く、身分相応の生き方を良しとしたのもそのためでした。

ところが戦後の日本人の生活スタイルはアメリカンウェイ（米国流生活様式）の影響を強く受けて、戦後70年を経た今日では、日本的様式がアメリカンウェイに取って代わられるまでに、日本人の生活様式、そして考え方は変容を遂げています。

とくに団塊の世代以後の若い世代にその傾向が強く、最近では、自分勝手で、忍耐力がなく、倹約の精神も乏しく、しかも整理・整頓・清掃・清潔が苦手な若者たちが増え、戦前までの日本人にはまったく見られなかった新しいタイプの日本人が世の中に満ちてきています。

こうした若者が長じて社会人となっても、仕事に集中できず、何事にも辛抱できず、諦めが早く、どれもこれも中途半端で終わる人間になっていく傾向が見られます。今日、就職しても3年以内に辞めていく若者がどの職場でも数多く存在するのは、日本人の根本的な生き方が大きく変わってしまったことに由来しているのです。

この状態を仕方がないことだと放置していけば、本来、日本人の強みとされた勤倹性（勤勉性と倹約性を併せ持った特性）が乏しくなり、天然資源の少ない日本が列強の中で生き抜くことが次第に難しくなっていきます。

現在のＩＴ社会の最先端に生きる若い世代は、日進月歩のＩＴ技術の発展についていくための技術には関心が強いものの、生きていく基本の人間力の充実には無関心です。むしろ人間教育を「古い」とか「役に立たない」とか「わずらわしい」と感じているようです。

どんなに時代が変わっても、人間力を磨く教育を軽視しては、知識教育も技術教育も本当の成果を発揮することはできません。知識や技術を駆使して損得だけを考えて生きていくようになると、その人は人々に嫌われることになり、組織を離れて生きていかねばならぬ人生の後半で、孤独で寂しい日々を送らざるを得なくなるのです。

私は、損得の価値だけを重視して自分中心の生き方しかしてこなかった人が、定年後に誰にも好かれないで、仕事の能力は十分ありながら、また本人も働きたいと思いながらも、仕事に恵まれずに寂しい人生を過ごしている人をたくさん見てきました。

その一方、仕事の能力は普通でも、勤勉な努力家で人にも好かれる人間力を身に付けている人は、不思議に仕事に恵まれ、いくつになっても仕事を楽しんでいることも知っています。

79歳の私は今も仕事に明け暮れていますが、それを知った高齢者の人たちは、誰もが「羨ましい」と言います。これは、１００歳まで生きることが当たり前になりつつある今日では、「隠居」とか「余生」といった過ごし方は、時代に合わなくなってきたことを示唆する具体的な事例と申せましょう。

つまり、死ぬまで働き続けることが、最も望ましい生き方になってきているのです。そういう人生を歩むには、世の中からまず「引き」を得ることができる人間になることです。それには若いうちから、人に好かれるような生き方をすることが大切です。

そのためには「少欲知足」の生き方をベースに、「地味に・こつこつ・泥臭く」、を旨とする老舗の生き方ができるような人間力を、自ら身につける生き方を選ぶべきです。

第三節　快楽志向の世の中にあってあえて勤勉志向へ舵を切る生き方を

拙著『田中真澄の実践的人間力講座』（ぱるす出版社）の中で「二つの怠惰」のテーマで述べている個所は、読者からかなりの反響がありました。それを次に改めて紹介しておきたいと思います。

「怠惰を勧める文化人がよく持ち出す話があります。それは第二次大戦中、連合国軍がロンメル将軍と共に最も恐れたドイツのフォン・マインシュタイン元帥が、ドイツの将軍団について語った次の言葉です。

『将校には四つのタイプがある。第一に、怠惰で無能なタイプ。これは放っても害にならない。第二に、勤勉で有能なタイプ。このタイプは、どんな細かいことでもきちんと分析する優秀な参謀になる。第三は、勤勉で無能なタイプ。このタイプがいちばん始末に負えないので、即座に除隊を命じなければならない。第四に、有能で怠惰なタイプ。このタイプを最高の位につけるのがいい』（『人生を変える80対20の法則』ＴＢＳブリタニカ）

この4つのタイプ分けは、確かにそうかもしれませんが、第1の「怠惰で無能」と、第4の「有能で怠惰」の「怠惰」は意味が違うと思うのです。

第1の怠惰は、厳しくしつけなければすぐ怠ける部類のものであるのに対して、第4の「怠惰」は、物事を手早く処理して、余った時間を自分なりに使っていて、傍目にはその姿が怠惰に見えるだけのものです。つまり、有能な人の怠惰とはそういうものなのです。

文化人が怠惰と言っているのは、この第4の類のものを指しているのです。

ところが、一般の人が解釈している怠惰は、第1のもので、いわゆる怠け者の有する考え方や行動を指します。この怠惰を許していては、社会は混乱してしまいます。

文部科学省が一時期「ゆとり教育」を推進したところ、しっかりした家庭の子どもたちは、それほど悪い影響を受けずにすみましたが、子供の教育に無関心な、あるいは無定見な家庭の子どもはすぐ悪い方向に流れていき、学級崩壊の事件を起こす問題児になってしまったのがいい例です。

残念なことですが、世の中には怠惰な人のほうが多いのです。何かというとすぐ楽な方向に行こうとし、自ら努力することを嫌う性向をもつ人たちです。こうした人たちに本人の自主性を尊重して、あまりにも「自由」や「ゆとり」を与えると、決していい結果を生まないのです。

１９７０年代のアメリカでは、校則を全廃するとか、規則を緩やかにしたり、難しい教科内容をやさしくすることで、生徒が活き活きと甦るとする非管理教育理念を説く教育学者やマスコミの意見を受けて、教育行政は生徒の自主性をトコトン尊重するオープンスクール形式の授業を展開したところ、学校の現場は混乱し、生徒たちの学力も規律も低下し、大きな問題になったことがありました。

この惨状の改革に立ち上がったのが父兄たちを中心にした住民による「Back to Basics」（=基本に戻れ）の草の根運動でした。この学力向上・規律回復を求める運動は全国的に広がり、ゼロトレランス方式（絶対に寛容しない指導・規律どおりに措置する・責任を取らせること）の教育改革が各州ごとに行われ、現場の混乱は収束したのです。

このゼロトレランス方式を取り入れたのが、岡山学芸館高等学校です。同校のホームページの「ゼロトレランス方式の生徒指導」の項では、こう書かれています。

『生徒、保護者、教職員が等しく校則を理解し、禁止事項をきちんと確認した後に、違反者があった場合は、等しく罰則を適用する、というルールです。ほとんどの生徒がまじめにきちんとした学校生活を送っています。その大半の生徒がきちんと学び、闊達で楽しい学校生活を送るために「ダメな事はダメ」と等しく、えこひいきなしに指導しましょう、という方針です。この方針を導入後、特別指導が激減し、学校内はさらに明るい雰囲気に変容しました。がんばる生徒をみんなが応援し、みんながんばれる学校の風土が醸成されています』

日本では、戦後15年頃から戦前の教師が現場から引退していくにしたがって、日教組のゆとり教育を尊重する方針が徐々に広がり、生徒たちの規律低下が目立つようになりました。とくに民主党が２００９年（平成21年）９月に政権を担って以来3年間は、ゆとり教育が現場を覆い、学力と規律の低下は一層深刻になっていきました。そうした民主党政権下の教育荒廃に国民はやっと気づき、２０１２年12月の総選挙の結果を経て、政権は安倍内閣に引き継がれ、ゆとり教育に終止符が打たれました。

この日本の歴史が示したように、怠惰な人が多い民主主義社会では自由放任主義がもてはやされますが、それを野放図に認めることは、社会秩序を乱すことにつながっていきます。それを許すのが衆愚政治と言われるもので、民主党の政治がそうでした。

１９６２年に当時ミシガン大学農学部の教授であったエヴェリット・ロジャース（１９

31年〜2004年）は『Diffusion of Innovations』を著わし、全世界に大きな反響を呼び起こしました。わが国でも1966年に『技術革新の普及過程』（培風館）という書名で翻訳本が発刊され、各業界で話題になりました。

なぜなら、この本には新しい農業技術が普及していく過程を分析し、新しいイノベーションを受け入れていく人に時間的な差があることが示されていたからです。

革新的な技術を伝える人（イノベーター）は全体の2・5％、それをすぐ採用する初期採用者（アーリーアドプター）は13・5％、続いてそれに追随する前期追随者（アーリーマジョリティ）は34％、遅れて追随する後期追随者（レイトマジョリティ）も34％、最後に採用する遅滞者（ラガード）16％であるとしたのです。

私はこの本を読んで次のように考えました。世の中の革新をリードしていく人は全体の16％（イノベーター2・5％＋アーリーアドプター13・5％）であり、この人たちは黙っていても勤勉性に富む人であり、残りの84％はリーダーの指導力次第で、勤勉派にもなり怠惰派にもなりうる人たちであると。

そして、このパーセントを、ビジネス界で働く人々に適用してみると、確かに当てはまると私は経験的に感じました。私は講演家として聴講者にすぐやろうと思えばやれる当たり前の良き生活習慣の実践を訴えて歩く人間ですが、私の提言をすぐに自分の生活に取り入れていく人は、全体の2割前後です。それは感想文や、観察者である上司からの報告書を読んでいると分かってくるのです。

このことから言えるのは、組織の中で生きる場合は、できるだけ上位2割のグループに所属しておくことが大切だということです。その2割が新しい動きにいち早く対応し、残りの人々をリードし、人々からも慕われ、尊敬を受けていくのです。

つまりは、多くが快楽志向に流れる中で、自分は勤勉志向でいくという決意を常に抱きながら、世の中の革新的な動きについていくという姿勢を保つことです。

第四節　太陽のように生きよう、この単純なことが人生を好転させてくれる

月刊誌『致知』2015年4月号に掲載された「老舗に共通する一念」と題する私に関するインタビュー記事は、その後かなりの反響がありました。とくに次の一文は、数多くのブログに引用され、人々の関心を寄せたようです。

『これらからの人生百年時代をいきいき生き抜く上では、自分自身の「生き方革命」（所属価値に頼ることから存在価値に頼る生き方へ）がとても重要になってきます。

私に存在価値の大切さを気づかせてくれたのは父でした。父は元軍人で私たち一家は戦後、いまの韓国の釜山から日本に引き揚げてきました。ところが父はパージ（占領軍が行った公職追放のこと）によって公職に就くことができず、過酷な行商で家族の生活を支えたのです。

日本国内が食べるものに事欠いた頃までは、行商でもなんとか食い繋いでいけましたが、物が豊かになるにつれて厳しさは増していきました。それでも父は決して行商をやめようとせず、朝早くから夜遅くまで人の二倍、三倍、汗水流して黙々と働きました。私はそういう父の後ろ姿をとおして、「人間は、命懸けで打ち込めば生きられるのだ」と教えられたのです。

父は軍人だっただけに商売には全く不慣れでしたが、ある人からこう教わったそうです。「商売というのは簡単なんだよ。太陽のように生きればいいんだ。太陽は二つのものを人に与えてくれる。一つは熱。熱意をもって人に接すれば、その熱は自然に相手に伝わる。もう一つは光。光をあて相手を照らし、関心を持ってその人の存在を認めてあげることが大事なんだ」

父は生前、「俺は商いの事は何も知らないが、この二つだけは心の支えにしてきた」と私に話してくれました。私が個業家（個人事業主）として自分の存在価値で勝負しようと思ったのも、そんな父の影響です。これまで有料の講演会だけでも6500回以上も行ってきましたが、私が伝えたいメッセージを凝縮すれば、父から教えられた「熱と光を相手に与えよ」に尽きるように思います」

先に紹介したフランク・ベトガーの情熱の話にもありますが、相手のために熱意を抱いて事に当たれば、その熱意は相手の心に響き伝わっていくものなのです。そのことは洋の東西を問わず、時を超えて過去も現在も未来も変わらなく続く真理です。ですから顧客のために誠心誠意、情熱を傾け仕事に従事する人は、決して顧客から見捨てられることはありません。

現にベトガーは、生保のセールスマンの人生を終えた後、大ベストセラーになった彼の著書『私はどうして販売外交に成功したか』の内容を伝えるセールス指導者として全米を情熱的に説いてまわりました。その熱意が彼の仕事を持続させ、93歳で亡くなる直前まで、現役を貫くという素晴らしい人生を実現させたのです。

彼は販売の基本は情熱を持つことと、もうひとつ計画を立てることだと語っています。何事も計画に基づいて行うことを欠かしては長続きしないものです。

私の父も公職追放の解除がなされるまで、すなわち講和条約が成立して日本が晴れて独立するまでは、何としても歯を食いしばって頑張り、公職に復帰したら、72歳まではパージされた分の期間を含めて現役で働くぞと思い続けていました。そして実際に75歳まで働き、その後は老人会のお世話をさせてもらいながら、83歳で大往生しました。

私がこれまで講演や著作で幾度となく紹介してきた詩があります。それは戦前・戦後に活躍した社会教育家の後藤静香氏の詩集『権威』（善本社）の中の「本気」と題する次の詩です。これは今なお多くの人によって口ずさまれています。

本気ですれば　たいていな事はできる
本気ですれば　なんでも面白い
本気でしていると　だれかが助けてくれる
人間を幸福にするために
本気ではたらいているものは　みんな幸福で　みんなえらい

この本気とは、熱意をもって事に当たることを意味します。そうしているとどうなるかをこの詩は伝えてくれています。この「本気でしていると　だれかが助けてくれる」とは、熱意をもって熱心に仕事をしていると、「引き」を得られることを示唆しています。このことは、生きていくうえで最も大切なことです。だからこそ、この詩は多くの人に共感を与えているのです。

『権威』が最初に発刊されたのは1921（大正10）年です。以来ずっとこの詩集が人々に読まれ続けているのは、そこに物事の真実が示されているからです。「第一歩」という次の詩もそうです。

十里の旅の第一歩
百里の旅の第一歩
同じ一歩でも覚悟がちがう
三笠山に登る第一歩
富士山に登る第一歩
同じ一歩でも覚悟がちがう
どこまで行くつもりか
どこまで登るつもりか

目標がその日その日を支配する

この詩には、「目標」をどう持つのかの意義が示されています。ロングランの目標を持つことの重要性を私はこの詩で再認識しました。

人生１００歳の時代の到来が予見されてから、すでに50余年になります。１９６１年（昭和36年）にアメリカのホワイトハウスで高齢化に関する会議が開催されて、アメリカ国内の高齢者たちが抱える諸問題が初めて公にされ、そこで１００歳人（センテナリアン）の存在が関係者の間で注目されました。

このニュースは日本にも伝えられ、１９６３年に政府は初めて１００歳人の統計を公表、それによって全国に１５３人の存在が国民に伝えられました。

しかしその数字はあまりに小さく、人々の意識に留まることはありませんでした。

ところが、１９９８年に百歳人が１０１５８人と1万人を超えたことで、国民は１００歳人の存在を自分の人生と関連づけて考えるようになりました。その数字は年々増え続けており、２０１４年には５８８２０人となっています。もう１００歳人の存在が珍しくなってきました。

この増加傾向の勢いはまだまだ続きます。そうなったら私たちも１００歳生きる前提で人生目標を立てる必要がありますし、１００歳以上生きるにふさわしい生き方を目指すことです。そのためには自ら情熱を注ぎ込める明確な目標を掲げることです。

その目標に向かって前進を続けている限り、世の中の人々はその人を応援してくれます。相手のために熱意をもって仕事に当たる意味がそこにあるのです。

第五節　働ける間は高齢者になっても勤勉に働くという生き方を身に付ける

これまで何度も言ってきたことですが、今の日本人の約９割が組織で働くサラリーマンです。サラリーマンには定年があり、少なくとも65歳前後で組織が与えてくれていた所属価値をなくし、フリーな場の人間になる運命が待っています。

昔のサラリーマンのほとんどは、定年後は退職金と年金を頼りに、平均10年前後の「余生」という人生を送って最期を迎えるのが普通でした。

私は１９５９年に日経に入社した時、職場の上司・先輩の多くが大正末期か昭和初期の生まれの方でしたが、その先輩たちは大体70代で亡くなりました。それが戦前から終戦直後にサラリーマンになった方々の一般的な状況でした。

ところが、私のように昭和11年前後の昭和2桁時代に生まれた世代あたりから、70代で亡くなる人は少なくなり、80歳になっても元気な人が多くなっています。

それは私の中学・高校・大学の同級生を見ればわかります。全体の7割の人が今も生存しています。つまり私の年齢以後の人たちの人生は80歳まで生きて当たり前、90歳～100歳まで生きても不思議ではない世代になってきているのです。

私自身、79歳になった今も現役で活動していますし、このままの状態で90代までは仕事ができるのではないかと感じています。そして、うまくいけば100歳まで現役を張ることができるかもしれないと考え、そのような人生計画を立てています。

私のような考え方で生きる人が、私以後の世代からはどんどん出てくるように思うのです。実際に、毎月公表されている総務省の労働力調査によると、65歳～69歳の就業率は2014年に40・7％と前年度を1・8％上回り、男性に絞れば51％（女性は31％）になっています。総数で言えば、65歳以上の男女の374万人が働いており、10年間で5割も伸びています。

かつて65歳以上で働く人の6割以上が自営業主でした。ところが最近は大型小売店の拡大や農業の衰退で自営業主の割合は2割以下に減り、代わって会社や団体、官公庁などと契約して働く高齢者が台頭しているのです。

２０１４年度の65歳以上で働く人を産業別に見ると、前年度に比べて最も大きく伸びたのは流通業で、８万人も増えています。その他で伸びているのは医療・介護（７万人増）、製造業（６万人増）、宿泊・飲食業（５万人増）、建設業（４万人増）と、人手が足りない業種に高齢者就業のマーケットが飛躍的に広がっています。


高齢者が働くことは、人手不足の企業にとってもありがたいことです。経験のある高齢者は大きな戦力であることがわかってきたからです。

たとえば日用品卸最大手の株式会社ＰＡＬＴＡＣは２０１４年10月から、パートを含めた７４００人の全社員を対象に再雇用の期間を65歳から70歳までに引き上げました。もちろん外部の専門家との業務委託契約には年齢制限はありません。

ＪＦＥスチール株式会社も生産現場の若手を育てるために65歳を超えた退職者を起用する制度を始めました。

介護中堅企業の株式会社ケア21は２０１４年に定年制度を廃止し、意欲と体力があればずっと働けて、待遇はそのまま昇給昇格もあるという人事制度を確立しています。

不動産大手の東急リバブル株式会社もやはり２０１４年から再雇用の上限を65歳から70

歳に引き上げています。

こうした高齢者世代の就業化を促す動きは、今後どの業界でも増えていくでしょう。それだけ各業界とも人手不足が深刻になっているのです。

この動きは高齢者にとって朗報です。65歳になって年金だけを頼りに生きねばならぬという不安から解放されるからです。

そして国も国民が高齢になっても働き続けてくれれば、70歳までは厚生年金の保険料を払ってもらえるため、年金制度の支え手が増えることになります。

こうして働くことを通じて高齢者が社会保険料や税金を納めてくれれば、年金制度や財政もより安定していくことになります。

さらに高齢就労が一般化すれば、すでにアメリカ・イギリス・ドイツ・フランスなど先進諸国が年金の受け取り開始年齢を67～68歳に決定していることにならって、日本も現行の65歳を70歳前後に引き上げることも可能になってきます。

それらのことを勘案すれば、国が企業に対して高齢者就業支援の助成金をさらに充実していくことになるでしょうし、企業側もまた人手不足解消のために前向きに動き出すでしょう。

したがって国民としては、そうした高齢者就労の動きにうまく乗れるように、自分の就労力を身につけておくことが大切です。その場合、どんな分野に高齢者の就労機会が増えていくかの見通しをもっておくことも必要です。

独立行政法人労働政策研究・研修機構は、政府による「日本再興戦略」（２０１３年６月14日閣議決定）の成果目標を踏まえて、26年２月に「平成25年度労働力需給の推計」を発表し、その中で「産業別就業者数の推移」を試みています。

この推計によれば２０１２年をベースに２０３０年まで就労人口が伸び続ける産業は、情報通信業（２０９万人↓２４２万人）、事業サービス業（３１９万人↓３３４万人）、その他のサービス業（４４９万人↓５０４万人）、医療・福祉（７０２万人↓９６２万人）となっています。

この推計からもわかるように、この15年間にはっきり伸びるのは情報通信と各種サービスと医療・福祉の分野です。これは私たちが日ごろ肌身で感じていることでもあります。となれば、これらの分野の中で自分が専門として身に付けられる職種を探せばいいのです。

私のファンの中には定年後あるいは途中から独立した方々がかなりいますが、その多くは在職中に「士族」と言われている税理士・中小企業診断士・社会保険労務士・行政書士・

技術士などの資格を取得しています。これらは事業所を対象としたサービス業に類するものです。

医療・福祉に関するサービス業に従事するための国家試験資格としては、理学療法士・作業療法士・社会福祉士・精神保健福祉士・柔道整復師・はり師・きゅう師・救急救命士・臨床工学技師・言語聴覚士・視能訓練士・介護福祉士・歯科衛生士・歯科技工士・衛生管理者・放射線取扱主任者・エックス線作業主任者などがあり、これらは大学・専門学校（夜間もあり）で、働きながら取得することもできます。

２０１４年1月3日付の読売新聞大阪版朝刊の社会面に「働くかたち」の連載記事１回目に高齢者就労者の事例が紹介されていました。その記事の大阪府茨木市の老人ホームで働く辻本珠子さん（62歳）は、長く事務職で働いていたところリストラに遭い、雇用保険をもらいながら、ヘルパーの資格を取得し、実習先で認知症のお世話をしたことがきっかけとなり、介護福祉士の資格も取り、さらに認知症高齢者の介護のための専門講座を修了し、定年制を廃止したケア21で、70歳を超えても働きたいと語っています。こうした事例が、今後は当たり前の時代になるでしょう。

第六章

得意機能相互活用社会に対応した自分づくりを目指そう

第一節　どんなことでもいいから、自分の得手を活用し何かのプロになろう

拙著の隠れファンの中には、企業内で社員研修を担当している人がかなりいます。研修の決め手となるのは、受講者の態度の変容を促すことですが、それには良き生活習慣の実践を常に説いている拙著を読むのが一法と考えているからでしょう。

最近の社内研修では、仕事に必要な新たな知識や技術（技能）を指導する内容がほとんどですが、実は知識・技術（技能）の研修だけでは十分ではありません。そのことを研修の当事者はよく知っており、それを補うには心構え（心的態度能力・人間力）を磨けと説く拙著を読むことでカバーさせたいとの思いがあるのです。

１９８０年代までの企業は、どこも経済的にも精神的にも余裕があり、社員教育においても、心構え教育が大切にされていました。私はその教育のプロを自認していますので、企業側も私をよく招いてくれました。

とくに、定年前準備講座と称する社内セミナーで、定年を控えた社員を対象に、定年後の人生をどう生きるかの講演をさせてもらったものです。

昨今は、こうした企業側のニーズが減っていますが、それは現在の企業の多くが目先の対応に精一杯で、余裕がないこと示すものでもあるのです。この事態は企業にとっても当事者の社員にとっても不幸なことであり残念なことです。

研修担当者が推奨する拙著の一つが『田中真澄の実践的人間力講座』(ぱるす出版)です。この本には、サラリーマン生活を終えて、第二の人生を歩むための準備として最も必要な心構えをどう磨き直せばいいのかが述べられていますが、この本の編集を担当してくださったのは、ぱるす出版の前社長であった故・地主浩侍氏で、これが氏の最後の仕事になりました。それだけに私にとっても忘れられない本になっています。

この拙著の中で、私が力を入れて紹介している人物が2人います。それは森信三氏と竹内均氏です。共に心構えを学ぶ際に欠かせない人物ですが、最近の識者の中には、この2人の存在価値に気づいていない人がいるのです。それは世の中が次第に心構え教育の重要性を認識しなくなりつつある証左でもあると考えられます。

そうした傾向は日本人の人間力の劣化を促すことにつながります。それを憂う私は、この傾向を少しでも食い止めたいとの思いから、繰り返し心構えを磨いて人間力を高める必要性を説き続けているのです。

この拙著で私は、人間はいつかの時点で、自分の好きな仕事に打ち込めるような人生をスタートすべきだと書いています。森信三氏も竹内均氏も、その生涯は自分のライフワーク一筋の人生でした。だからこそ、人々に多くの感動を与え、その生き様は今なお私たちの心の支えになっているのです。

日本のサラリーマンはいったん就職すると、業務命令で好きでもないことに従事しなければならない宿命が伴いますが、その場合は、以下のように考えればいいのではないでしょうか。

「どんな仕事にも人間力を高める要素が一杯詰まっている。たとえば、嫌な仕事を好きになろうとする努力は、忍耐力を養うにふさわしいものである。嫌な人と接することは、人間関係能力を高めるには絶好のチャンスである。苦手な仕事に就いた時は、自分の不得手な面を改善するには最高の機会と捉えればいいのである」というふうに。

私の日経時代の20年間も、今考えてみますと、私の弱点を鍛えるにふさわしい日々でした。43歳で独立して以後36年間も自律自助の生活ができているのは、20年間の日経時代に、あらゆる仕事を前向きに捉え、自分を鍛える経験を重ねてきたからなのです。

ですから、今の若いサラリーマンがせっかく就職できたにもかかわらず、職場が嫌ですぐ辞めてしまう人が3割にも達すると聞き、それこそ日本人の人間力の劣化を意味しているると思わざるを得ないのです。

自分が希望して就職した以上、そこで最低10年は頑張るべきです。担当した仕事については好き嫌いを超えて誠心誠意打ち込むのです。そうすれば仕事を通して、あらゆることに積極的に立ち向かえる心的態度が養われます。そしてさらに10年頑張れば、その会社を辞めても他の世界で十分やっていける力が身に付くものです。少なくとも私はそうした考え方の下で日経時代の20年間を過ごしました。

そしてその経験を通して、自分のライフワークとは何かを見つけ、その仕事に人生の後半を賭けていく決心がついたのです。

この私の生き方のモデルとなったのが、森信三氏と竹内均氏の生き様でした。両氏とも生涯、自分の仕事一筋に歩んだ方です。ですから両氏の残された数々の言葉は、私にとって生きる上での大きな教訓になっています。

森信三氏の言葉に「朝起きてから夜寝るまで、自分の仕事と人々への奉仕が無上のたのしみで、それ以外別に娯楽の必要を感じない――というのが、われわれ日本のまともな庶民の生き方ではあるまいか」というのがありますが、これはまさに勤勉に生きる日本人の姿勢を表わしたものでしょう。

それを考えると、定年後には好きな仕事ができる自由と権利を手にしたにもかかわらず、その仕事の確立に努力することもなく、娯楽のために多くの時間を費やしている定年族の人たちは、せっかくの老後を無駄にしていると言うべきでしょう。

そういう人のために森信三氏の次の言葉を差し上げたいと思います。

『人は退職後の生き方こそ、その人の真価だと言ってよい。退職後は、在職中の3倍ないし5倍の緊張をもって、晩年の人生と取り組まねばならぬ』

かつて東大教授の中で最も勤勉であると言われた地球物理学者の故竹内均氏も、著書『修身のすすめ』（講談社）で次のように語っています。

「長い人生を通じて勤勉、正直、感謝を実行し、また自然科学者として生きてきた私にも、それなりに理解できることがただ一つある。それは勤勉、正直、感謝を実行すれば、必ずよい結果が得られ、この実行に欠ける場合は、それなりに必ず悪い結果が得られるということである。それは、まるで自然科学の自然法則のように狂いのない原因と結果であった」

両氏の言葉にあるように、自分の得手を生かし、これと決めた仕事に打ち込むことが真の人生の過ごし方なのです。その素晴らしい生き方を、日本のサラリーマンは、少なくとも定年後には送ることができる時代を迎えたのです。

幸いに、世の中はお互いに得手を活用し合う社会になりました。しかも１００歳まで働くことが求められるようになってきたのですから、老後は誰もが自分のライフワークに懸けるべきです。そのように生きることが生き甲斐のある人生となるのです。

第二節　定年後プロとして生きていけるための３大原理

前節で森信三氏の存在価値に気づいていない識者がいることに触れました。私がそのように指摘するのは、マスコミに登場し、生き方について言及する知識人の中に、森信三氏の教えどころか、その存在さえも知らない人がいるからなのです。

中小企業の経営者や道徳教育者の方々の中に森信三氏を心の師とする人が多い現在の日本において、世論をリードするマスコミの登場者たちが、森信三氏の存在価値に無頓着・無関心でいるとはどういうことなのしょうか。

その遠因は、戦後、日本に進駐してきたアメリカ占領軍のＧＨＱ（連合国軍最高司令官総司令部）が行った洗脳工作（ウォーギルド・インフォメーション・プログラム、戦争についての罪悪感を日本人に植え付けるための宣伝計画）にあります。

この洗脳工作とは、日本人に大東亜戦争の罪はすべて日本にあり、その日本人を育んできた日本の歴史も教育も政治も間違いであったとする自虐史観を日本人に刷り込むための情報戦略であり、日本人の弱体化・精神的な劣化を図るための政策でもありました。

この工作を国民に浸透させるために、ＧＨＱは強権をもって新聞・ラジオ・教科書・映画などを通して、大東亜戦争は日本が一方的に侵略し、日本だけが悪いのだというアメリカのプロパガンダ（情報による世論操作）を徹底的に日本国民に注入し続けたのです。

この工作に反対する者や機関はＧＨＱの判断で一切の活動が停止させられました。そこでマスコミはもちろん、政治家も役人も経営者も教育者もこの工作に逆らうことは自分の仕事を失うことを意味しましたから、工作活動に無抵抗か、あるいはやむなく容認するか、それに協力するしかありませんでした。


１９５１年9月に行われたサンフランシスコ講和会議で日本の占領に終止符が打たれ、翌年の１９５２年4月28日に正式な独立が実現してからも、占領軍のプロパガンダによるマインドコントロールを除去するための政策が日本政府によって手掛けられることはありませんでした。

それよりもむしろ独立後の日本は、進歩派知識人とされるマスコミ関係者も左翼系の学者・文化人も、そして日教組も、このプロパガンダを拡大再生産するような言論に終始したことで、国民の自虐史観は定着していきました。その結果、日本民族や日本の歴史を誇りに思う愛国心が国民の間から薄れていくという非常に残念な風潮が戦後世代に確立されていったのです。

したがって今日になっても、戦前の教育の模範的人物とされた明治天皇や二宮尊徳の偉大さに対して、あるいは君が代の国歌を斉唱することや日の丸の国旗を掲揚することに対して、後ろ向きにしか対応できない自虐史観を抱く国民がかなりいるのです。

同様のことは、森信三氏に対しても、戦後のアメリカのプロパガンダの影響もあって、氏の提言をまともに評価できないか、あえてそれを無視する人も存在するのです。

しかし、それは間違ったことであって、今こそ、日本人ならば素直になって、森信三氏に向き合うべきですし、そのことに気づいた時から、私たちはまともな人生を再建できると思うのです。

幸いに、このところ氏の著作が数多く復刻されてきています。そこで致知出版社から出ている『修身教授録』や『修身教授録　一日一言』『一語千鈞』などをひもとくことから、氏の哲学に近づくのがよろしいかと思います。

その中でも『一語千鈞』の「再建の三大原理」は、人生をやり直そうとしている人にとっては、最高の教えと言えるでしょう。

私はこの森氏の原理を講演の中でそれこそ何百回となく紹介してきました。その甲斐があって多くの方々の知るところとなり、実際に日々の生活で実践した人の中から、「人生が好転している」との知らせをもらうことができています。

「再建の三大原理」はこれまで再三ふれてきましたが、念のためにもう一度紹介し、その解説を加えておきましょう。

「時を守り
場を清め
礼を正す
これ現実界における再建の三大原理にして、いかなる時・処にも当てはまるべし」

この原理はわずか12文字の教えですが、これは人間がまともに生きるための基本中の基本の良き生活習慣を指します。この3つの習慣を身に付けていけば、次第に人生が好転していくことを、実践した人ならば誰もが経験します。

そこでまず「時を守り」ですが、これは決められた時刻・約束した時刻・期限を必ず守ることを意味します。時間を常に守る人に共通する習慣は、早起きです。

早く起きれば、時間を守れますし、精神的にも余裕を持つことができます。余裕があれば十分な準備ができますから、仕事をスムーズに運ぶことができます。

余裕のある生活をするには、朝、早起きすることが一番の方法です。出勤でも早起きして早めに出社すれば、人との約束の時間を守れます。さらに職場に早く出るとやる気が出てきます。周りの人も早出勤の人を勤勉な人として評価してくれます。ですから「早起き人間に不幸なし」という言葉が誕生したのです。

次に「場を清め」ですが、これは生活の場を整理・整頓・清潔・清掃することです。

現在、全国的に展開されている「日本を美しくする会　掃除に学ぶ会」の行事に参加した人は、身のまわりをきれいにすることで、どれだけ自分の心が磨かれるかを実体験できます。

場を清める行為は、自分の気づき力を高めます。周りを慮る（＝周囲の状況をよくよく考える）力がついてきます。この力が増せば黄金律（ゴールデンルール）を身に付けることにつながります。黄金律とは、新約聖書マタイ伝七章十二節「何事でも、自分にしてもらいたいことは、はかの人にもそのようにしなさい」を指し、人々の行動原理の基本とされるものです。つまりは利他の精神を言い、この原理を実行することが幸せの基本だとしているのです。

最後の「礼を正す」とは、周りの人々への挨拶・返事、お世話になった人への感謝の言葉、善きことをした人への称賛の言葉、何事かを成し遂げた人への祝福の言葉、苦労した人への慰労の言葉などを言う習慣を忘れないことです。

こうした相手を認める言葉を身に付けた人は、相手から無視されることはありません。世の中に出て最も大切なのは他人様からの「引き」であることは幾度も述べてきました。「引き」がその人にプロの力をつけさせてくれるのです。

私がモチベーショナルスピーカーのプロとして独立するきっかけを作ってくれたのも私に対する周りからの称賛です。人と人とのご縁からすべてのプロが生まれると言っても過言ではありません。だからこそ普段の人間関係を大切にしたいのです。

第三節　勤勉性を尊び、まず勤勉家と言われるほどの勤勉のプロになろう

21世紀を迎えた頃から日本の世は快楽志向に向かいつつあり、勤勉に働くよりも、好きな遊びに興じるほうがいいという人が年々増えています。また政府も、この流れに拍車をかけるように、労働時間の短縮を推進することに熱心で、長時間労働や年中無休で働くことを否定する社会的な空気を醸成してきました。

その結果、今の日本では労働基準法が適用されない自営業主以外の人は、終日、仕事に打ち込む生き方を評価しなくなりつつあります。評価しないどころか、仕事熱心な人を「仕事バカ」と称しながら揶揄する人さえ見受けられます。

この背景には、１９９０年以降、自営業主の総数が激減していることが考えられます。国勢調査によると１９９０年までの我が国の中小企業主は２３０万〜２４０万人台を保っていましたが、１９９５年には１８０万人台になり、２０１０年には１２８万人台に減っています。

しかも総務省の労働力調査によると、40代以下の若手の自営業主が相対的に減っており、

それが自営業主の減少につながっていることがわかります。その点、アメリカ労働省の労働力調査のデータでは、自営業主の若年層の減少傾向は見られません。

１９９０年以降、わが国では勤勉志向の減退が見られますので、このことが自営業主の減少に大きく影響しているものと思われます。


アメリカにおいては、独立後10年以上の事業継続に成功している自営業主に共通していることは、最初の5年間は年中無休で働き、創業後10年間の1日の平均労働時間は14時間と言われています。

このことは洋の東西を問わず、自営業主が自分のマーケットを確立するまでの10年間は、それこそ死にもの狂いで働かねばならないことを意味しており、私自身もそのように経験してきました。

私の場合は、４人の家族を抱えての43歳からの独立でしたから、家族を路頭に迷わせてはならないという必死の思いも強くあり、最初の10年間はそれこそ年中無休の精神で頑張りに頑張り通しました。

それができたのも、よくよく考えてみると、私も家内も戦後の引揚者で、海外で築いた生活をすべて放棄し、内地に引き揚げてきてから、ゼロから立ち上げざるを得ない環境から戦後の生活を再スタートしたという、厳しく辛い生活を長年経験したことがベースになっているのです。いったん築いた生活をゼロからやり直すことは、余程の決意がないとできないものです。特に私のように大企業の管理職として安定したコースを歩んでいた者にとってはなおさらです。ですから、当時の日経の仲間たちは「君だからやれるのであって、僕らはとてもできないことだ」と言っていました。

独立後間もない1979年の5月に、私は母校の筑波大学の就活説明会の講演会に招かれたことがあります。就職先の選び方、就職後の働き方、そしてサラリーマンの後の人生の送り方についても、私の体験を基に話しました。

ところが、講演後の聴講者のアンケートを読むと、「せっかく日経に就職して、これからという時に辞めて独立する先輩の気持ちがわからない」とか「私なら絶対に辞めない。大きな組織で安心・安全な生活をしたい。独立する意義を私は認めない」といったマイナスの評価が圧倒的に多かったのです。

この時期は、日本でもベンチャーブームが起きて、マスコミでは起業家がもてはやされた時期でしたが、多くの日本の若者たちの間では、当時から「寄らば大樹の陰」の思想が濃厚になっていました。とくに筑波大学のような国立大学では、その傾向が強く、ベンチャービジネスに関心がある学生は変わり者と見なされていたようです。

その頃よく耳にした話ですが、東大卒業生で起業家から大企業に成長させたオーナー経営者は2人しかいない、ひとりは日本マクドナルドを立ち上げた故藤田田氏　もうひとりはリクルートの創業者・故江副浩正氏であると。

つまり昔から日本はアメリカと違って、一流大学を卒業して官公庁や大企業のエリートコースを歩むことが成功者の道であり、起業家となりオーナーの道を苦労して歩むことは異端者の道だと考えられてきました。その考え方は今も変わっていません。

したがって私の後輩たちが「大樹の陰」の思想を抱いていることから、講演の中で、サラリーマンから個人事業主になった事例などを紹介しても、それにはまったく興味を示さないどころか反発を覚えたとしても、それは当然のことだったのです。

しかし、この固定観念とも言うべき日本人の就職観は、これから大きく変革を迫られるでしょう。なぜなら、大きな組織に就職できたからといって、それで安心できなくなったからです。たとえ定年まで勤め、退職金・年金が支給されたとしても、それだけでは長くなる老後を、幸せに生きることができなくなりつつあるからです。

これからの老後では、年金は毎年減額となり、医療費も高くなることは既定の路線であり、とても退職金と年金だけを頼りに長い老後を過ごす生き方は通用しなくなります。しかし、このことを人々に問いかけると、多くは戸惑ってしまいます。ではどう対処すればいいのでしょうか。最近の私は、次のように説明することにしています。

定年後は、できれば自分の得手を磨いて何かのプロとして生きていくのが理想ですが、そうできない人も大勢います。その人たちは、こう考えればいいのです。

今の世の中は、勤勉に生きることが軽視されていますが、どんな時代になっても勤勉家となることが最高の生き方なのです。ここで言う勤勉家とは、頼まれた仕事を嫌な顔ひとつせずに気持ちよく引き受け、それを迅速に仕上げていく人を指します。

そういう勤勉家は、定年後、何の専門能力がなくても、必ず周りから「仕事を手伝ってほしい」と頼まれるものです。

ですから、勤勉家に徹することは、ある意味で素晴らしいプロフェッショナルであり、このプロなら誰もが目指すことができます。どんな仕事も気持ちよく引き受け、相手の期待どおりに素早く仕上げることを心掛けていれば、一生、仕事に困ることはないのです。

79歳の私と同年代で、何の資格も持たないのに仕事に恵まれている人たちがいます。その人たちに共通しているのは、とにかく利他的で人の役に立つことが大好きな性格です。困った人がいることを知ると、すぐ助けてあげる行動力の持ち主です。

その人を見ていると、先に紹介したキリスト教で言う黄金律（ゴールデンルール）を身に付けておけば、世の中を上手に生きていけるものだと再認識させられます。

高齢者になっても、いつも熱意をもって仕事をし、相手のことを思いやる生き方を貫き通していけば、何も心配はいりません。そういう人を周りの人は放っておきませんから、仕事はいくらでもありますし、周りからいつも大切にされるものです。

勤勉のプロは、長くなった人生を生き抜く最高の道であると言えましょう。

第四節　今日一日の区切りの中で生きる

文化勲章受章者で、聖路加国際病院名誉院長の日野原重明氏は１９１１年（明治44年）生まれで今年１０４歳ですが、未だに現役として活躍しています。そのことを多くの国民は知っており、今や高齢者の間では希望の星的存在の方です。

日野原氏の生き方に決定的な影響を与えた人物は、近代アメリカ医学の基礎を確立したウイリアム・オスラー医学博士であることは自他ともに認められています。

戦後間もない紙不足の時代であった１９４８年（昭和23年）に、日野原氏は『アメリカ医学の開拓者～オスラー博士の生涯～』（中央医学社）を著わし、それまでのドイツ医学に学んできた日本の医学界に、新しい米国医学の在り方を紹介したのです。

私がオスラー博士の存在に気づいたのは、１９６２年の春、デール・カーネギーの『道は開ける』（創元社）の第一部第一章を読んだ時でした。その時のことを今もよく覚えているほど、私はオスラー博士の言葉に大きな感銘を受けたのです。

その第一章には、オスラー博士のことが次のように紹介されていたのです。

『彼が１８７１年（22歳の時）に読んだ21語はカーライルのもので、それによって彼は一生涯悩みから解放されたのだった。その言葉は「我々の大切な任務は、遠くにあるぼんやりとしたものを見ることではない、はっきりと、手近にあるものを実行することである」』オスラー博士は「今日一日の区切りの中で生きる」ことを、カーライルの言葉から悟ったのです。

デール・カーネギーは第一章のまとめとしてこう結んでいます。

『人生から悩みを締め出したいのなら、オスラーの実行したことを実行することだ。

『過去と未来を鉄の扉で閉ざせ、そして今日という区切りの中で生きよ』」

このオスラーの言葉を初めて知った時の私は、正月に婚約し、その秋に結婚を控えながらも仕事に忙殺され、何の結婚準備もできずに悩んでいました。

その時に、すべての智恵と情熱を今日一日に傾けることが明日に備える最上の手段であり、将来の計画を立てたからには不安を抱くことなく、今を懸命に生きればいいのだというオスラーの思想に触れて、ハッと閃きを感じ、「そうだ！この発想でいこう」と悟ることができ、余計な悩みをせずに無事に結婚にたどり着くことができました。

それからは「今日一日に全力を注ぎ、勤勉に生きよう」と自分に言い聞かせながら、今日に懸ける習慣を徐々に身に付けていきました。そういう思考上の習慣が自分のものになっていたからこそ、43歳で日経を飛び出し独立する冒険も断行できたのです。

私のようにサラリーマンから独立した人間にとって、最も参考になるのは同じような独立を果たし、人間的にはもちろん、社会的にも経済的にも成功した方々の体験談です。とくに京セラ株式会社の創業者・稲盛氏は私より4年先輩の戦前派ですから、私の少し先を行く模範的な方として、その言動にはいつも注目してきました。

氏が働き盛りの57歳の時の著書『心を高める、経営を伸ばす』（ＰＨＰ研究所）は１９８９年に発刊され、今もロングセラーを続けていますが、当時、全国の中小企業の経営者はこの本を熱心に読んでいました。

その時は独立10年目を迎えていた私ですが、自分の生き方をチェックする意味で精読しました。この書の「今日を懸命に生きる」の項は次のように綴られています。

「私は、長期の経営計画を立てたことはありません。今日のことさえうまくいかず、明日も分からないのに、十年先が見えるわけがないと思っていたからです。

そのため私は、今日一日を一生懸命に過ごそう、そして今日一日一生懸命に仕事をし、さらに工夫を重ねれば、明日が見えてくるだろうと考えてきました。そして、その一日の連続が、五年たち、十年たつと、大きな成果になっているだろうというように考えたのです。（中略）

その結果、私は「今日を完全に生きれば、明日が見える」ということを断言することができます。逆説的ですが、この生き方を三十年も続けてきますと、先の変化が見えてきたのです」

オスラーの思想を信奉し、懸命に仕事に打ち込む日々を送っていた私は、稲盛氏のこの一文に接し、「やっぱりそうか！」と膝を叩き、とても嬉しく感じたものです。

これまでにも述べましたが、私は独立して10年間はまさしく無我夢中で仕事に打ち込みました。そうしていたら、次第に自分のマーケットが形成されていき、少し先が見通せるようになっていたのです。稲盛氏の言うとおりでした。

そしてこの10年間の実体験は、私にとって何よりの貴重な財産となりました。

私が今、講演の中で「お客様のために一所懸命働いていれば、必ず世間の支持が得られるようになる」と訴え続けている背景には、この体験が横たわっているのです。

83歳になられた稲盛氏は、今も各方面でご活躍中です。２０１５年４月13日、京都国際会館で開催された日本医学会総会で『医学と倫理～利他の心で世のため人のために尽くす～』のテーマで講演し、その結びでこう語っています。

「人間が自力でできることには限りがあります。しかし利己まみれの自分の心を美しく磨き、しっかり帆を張っておくと、他力の風を受け、人間の力を超えた力を得ることができます」

この結びの言葉は、利他の精神で懸命に仕事に従事していれば、思わぬ世間の支持・応援を得られることを意味しています。目の前の仕事に一所懸命に取り組んでいると、その勤勉な姿を世間の誰かが見ていて、誰かに伝えます。良い噂は悪い噂ほど速くは伝わりませんが、それでも徐々に良い噂も広がっていくものです。

それが世間の「引き」につながります。勤勉な人に良いご縁ができていくわけです。良いご縁の循環が始まると「運」も好転し、その結果、数々の仕事をこなしていく過程で実力がつき、「力」が備わっていくのです。「一引き、二運、三力」の言葉どおりのことが現実化していくのです。

今も年中無休で仕事に集中している日野原氏は、復刻版『医学するこころ～オスラー博士の生涯～』（岩波現代文庫）の序文で以下のように述べています。

「オスラーから学んだものに、オスラーの実践哲学がある。

『今日のことを精一杯やり、明日のことを思いわずらうな』

オスラー自身がカーライルから教えられたというこの言葉は、私のたいせつな座右の言葉ともなり、今日まで、私に強いインパクトを与えつづけている」

日野原氏は１００歳を超えた今も、スケジュールは3年先まで組まれているという多忙な生活を送っています。朝食はジュース、昼食は牛乳とクッキーと果物、まともな食事は夕食だけ、睡眠は5時間という生活スタイルを守りながら、毎日、暇のない生活を送っています。

まさしく日野原氏はオスラー博士の言葉どおりに、今日一日に全力投球する日々を過ごし健康な長寿を保っています。私たちもこの氏の生き方にあやかりたいものです。

第五節 「人生は60歳からが本当の勝負」の考えで後半の人生に懸けよう

明治維新でわが国が開国した当時の日本人と欧米人の写真を見比べると、正直、日本人の暮らしぶりには、今の感覚で言えば質素さが滲み出ています。逆に、欧米人の容姿からは、経済的な豊かさを感じます。それだけ、かつてのわが国は物質的には貧しかったと言えるでしょう。

したがって明治以後の日本の国家も個人も、欧米の経済的状態に追いつこう、追い越そうと、人一倍頑張ったのです。そして経済的には欧米先進国に並ぶまでの経済発展を遂げ、今日に至っています。

その追いついた時期は1970年代でした。1969年（昭和44年）に、『日経ビジネス』を創刊した時、私は各種の経済指標を見ながら、日本人に経済的余裕ができ、経済雑誌を個人でも購読できるようになってきつつあるなと感じました。その予想どおり、個人購読制の『日経ビジネス』はリーダー層に順調に普及していきました。

そして、続いて創刊した『日経エレクトロニクス』が電子技術者層の間で、『日経アーキテクチュア』が建築家の間で、共に個人で読まれるようになっていきました。

私はこの事実を前にして、日本でもプロフェッショナルな人材が、その存在価値を認められる時代になりつつあると認識することができ、私も組織を離れて独立しても何とかやっていけるのではないかと踏んだのです。

それから36年経過した今日、まさに日本にも、プロがそれぞれの道で、自分なりのマーケットを形成し、独立独歩で生きていける社会が出現しています。この傾向は今後ますます強まっていくことは間違いないでしょう。

ですから、私は少なくとも定年後には自分の得意な分野で何かのプロとして活躍できる自分になれるよう、サラリーマン時代から準備していこうと唱えているのです。

その声に応じて、定年後ないしは途中で独立し、一人前のプロとして活動している人が全国的に数多く出てきています。

一方、プロを目指そうとして途中で挫折していく人が後を絶たないのも事実です。その最大の要因は、ひとり立ちできるまで猛烈な努力を己に課すことができない人が多いことにあります。それだけ今の人は昔の人と比べて人生に対する態度が甘くなっていると言えましょう。

1955年までの日本の就業者の55％は自営業主とその家族従業者で占められていたことは幾度も述べてきました。

今もそうですが自営業主の人たちは独立の際に厳しい生活を覚悟し、それに耐えながら一人前になった人たちです。ところが今の人たちは独立に対し憧れの気持ちを抱くものの、それに伴う猛烈な努力を避けるようになってきています。

それは今の日本では、独立をサポートする仕組みができているからです。つまり厳しく自己を鍛えるプロセスを経なくても、その仕組みを活用して何とか独立できるのです。

しかし、それは短期的な場合であって、10年以上の長期的な視点で見れば、前半の準備に手を抜いた人の職業寿命は短いと言えます。ですから起業に挑戦しても、その多くの場合、10年以内に倒産するケースが圧倒的に多くなるのです。

自営業主に対する世間の目は厳しいものがあります。ですから、独立を目指す以上は、手抜きをすることなく準備には万全を期すべきです。そのことはどんな業界おいても言えることではないでしょうか。

その事例をひとつ紹介しておきましょう。２０１５年7月号の月刊誌『致知』に「人生に一攫千金はない」のタイトルで随想を寄せたアイディーコンサルティング株式会社社長大門和彦氏のケースです。

大門氏は高校卒業後、大洋ホエールズ（現・横浜ＤｅＮＡ）と阪神タイガースで11年間投手として活躍しましたが、30歳の時に戦力外通告を受けたことで、プロ野球選手としての人生に終止符を打ちました。

第二の人生は、知り合いの紹介で地元京都ソニー生命に高卒第一号として入社し、歩合セールスマンとしてスタートすることになりました。

同年代の大卒の人に比べて8年の後れをとっており、それに追いつくには人より8時間多く働いてやっと8年後、土日祝日も休まず働けば5年半かかると考え、とにかく一心不乱に仕事に打ち込みました。

毎日3～4時間の睡眠で頑張った甲斐があり、優れた実績を挙げた保険外交員だけが入会できるＭＤＲＴの会員資格を1年目で取得し、１００週連続の成約達成で表彰を受けるほどでした。

仕事にとことん時間を投入する以外にやったことは、優れた人に教えを請い、その真似をすることでした。プロ野球時代から実践していたことを応用したのです。

支社長に頼んで、手本となる優秀なセールスマンを紹介してもらい、その人に同行販売し、玄関の入り方、名刺の渡し方、セールストークの仕方を詳細に真似し、それを完全に自分のものにするところから始めました。

訪問先が枯渇して苦しんだ2年目には、支店で最も実績を挙げている方に教えてもらうため、2日間だけ京都大原の山小屋を借り切り、マンツーマンでの合宿指導を受けました。

そこで学んだ中で最も大きかったのは、お客様の話にしっかり耳を傾けるヒアリング能力の大切さでした。その傾聴の対話を通してお客様のニーズを把握し、それに焦点を合わせた提案をすることでした。この方法を実践していった結果、お客様から問い合わせの電話が鳴り始め、次第にこちらから勧誘しなくても仕事がどんどん回っていくようになりました。

7年経った時に、有限会社アイディーリング（現アイディーリングコンサルティング株式会社）を設立して独立し、現在は、保険ビジネスの他に、接骨院と障害者就労施設を運営しています。

接骨院はお客様の事故の相談に応じていく中で派生したもので、障害者就労施設は所属するボランティア団体を通じてのご縁から、障害者の皆さんに明るさや生きがいを得てほしいとの願いから、接骨院での仕事を提供するようになったものです。

大門氏はプロ野球界で身に付けていた一人前になるための手法を用いて、最初の5年間はまさに年中無休の精神で仕事に立ち向かい、腕を上げるために優秀な先輩の真似をする機会を手にしながら、無我夢中で仕事一筋の人生を歩んでいます。

その間は、余暇を楽しむことなど一切眼中にありませんでした。プロとして一人前になるにはこの姿勢が必要です。サラリーマンとプロの違いはこの点にあるのです。

定年後、何かの仕事をスタートする場合も同様です。スタートの時点で、サラリーマン根性をかなぐり捨て、プロ根性（オーナー魂）を身に付けられるかどうかで、その後の展開は決まってきます。

定年後の人生で本気で勝負するとは、こういう生き方ができるかどうかなのです。

第七章

私の独立を支え続けている生きる姿勢とは

第一節　人生戦略を自分のものに

現在の日本では家庭でも学校教育でも、人間どう生きるべきかをきちんと教えなくなりました。私が中学を卒業した1952年頃までのわが国はそうではありませんでした。当時の中学校の卒業生の53％は、卒業と同時に就職したのです

ですから中学卒の彼らは社会に出たら「自律」（自分の立てた規律に従って自分を規制すること）や「自助」（他の力に依存せず、自分の力だけで事を成し遂げること）の精神で生きていくことを覚悟するように親からも教師からも厳しく教わりました。

そして実際に彼らは自分の力で必死に生き抜いていったのです。彼らの多くはまず中小零細企業に就職し、そこで辛抱しながら腕を磨き、その後に職人として、あるいは商人として独立して一家をなしていきました。

私が中学時代の同級会に出席すると、今では地元の事業主として堂々としている彼らに出会いますが、それぞれが地域の経済を支える人材となっています。

ところが今の中学生はほとんどが高校に入学し、さらに高卒の半数は大学に進学してい

ます（２０１４年度の大学・短大進学率は54％）。昔も今も大卒の多くはサラリーマン志向ですから、彼らには自律自助の考え方は身に付いておらず、就職したら定年まで勤め、その後は年金生活で老後を過ごすことしか考えていない人が大半です。

20世紀までのサラリーマンはそうした生き方でもよかったのですが、21世紀に生きるサラリーマンは、そうした昔ながらの発想から早く脱皮する必要があります。

２０１４年に日本人の平均寿命が男性80・21歳、女性86・61歳になったことからもわかるように、私たちはすでに80歳まで生きるのは当たり前であり、しかも２０３０年には平均寿命が１００歳になるかもしれないと予想されている今日、定年後は年金生活でといった生き方は許されなくなってきているのです。

なぜならば、年金制度は年金受給者が定年後12～13年後には亡くなることを前提に仕組まれているからです。それが65歳以後、少なくとも25年、最長では40年も生存して年金受給者となれば、年金制度は成り立たなくなるのは当然です。

ですから、すでに年金の支給額が年々減る仕組みを厚生労働省は実施に踏み切りました。その結果、年金だけでは生活できない状況がこれからは生じてきます。

実はこのことは以前からわかっていたことでした。たとえば１９８９年に発刊された拙著『終身現役への転身』（産能大学出版部）で、さらに１９９１年の拙著『生き方革命への対応』（産能大学出版部）で、定年後は自らの力で独立人生を歩み直す覚悟が必要な時代になると私は訴えています。

このように時代は私たちに「生き方革命」を求めているのです。このことを真面目に受け止め、これからは最後の最後まで働き続けるという生き方に変革していくことです、その変革現象のひとつに、長寿国の先頭グループを行くスウェーデンでは、幸福の定義を「次々と目標を設定し、懸命に働き続ける」としたことが挙げられます。

では、私たちが生き方革命を起こすにはどうしたらいいのでしょうか。それは国民の一人一人が企業の経営戦略に倣って、自分の人生戦略を立て、その下でロングランの生き方を確立していくことです。

具体的には、経営戦略の3本柱である①経営理念の明確化　②経営目標の設定　③保有資源の有効活用を人生戦略にそのまま転用していけばいいのです。

そのことを私のケースで説明してみましょう。少なくとも私は自分の人生戦略の3本柱を生き方の基本に据えてきました。

その結果、独立して36年間、いくつかの試練を乗り越えながら、今日まで心身共に幸せな人生を過ごすことができています。私の人生戦略の3本柱とは次のとおりです。

①生きる目的の明確化

これまでのサラリーマンが抱いてきた「定年まで頑張れば、あとの老後は余生としてのんびり生きる」という人生観は間違いであると認識し、生きる目的を次のとおりとしました。

「一生涯自分を磨き続けながら、一生涯世のため人のために働くこと」

つまり本気で「生涯学習・生涯現役」の生き方を貫き通すことです。

このように生きる目的を明確化したことで、老後はのんびりと趣味三昧で生きるという高齢者が抱く特有の人生観から脱皮することができました。そしてどこまでも働き続けるという考え方を強く持ち、日々真剣に仕事に取り組むという老後の人生を確立することができたように思います。

②自己目標設定の明確化

サラリーマンは定年までは会社の仕事が自己目標の中心にありますから、自分で自己目標を設定しなくても、生きていけます。しかし定年後も働き続けるとなれば、どのような能力を身に付け、どのような仕事をしていくのかの明確な目標を立てて、その下で日々懸命に生きていくことを実行していかねばなりません。

そのためにはまず健康面、次に仕事面、さらに家庭面と最低3分野について、短期目標（週間目標・月間目標・年間目標）と中期目標（3年～5年）、生涯目標（死ぬまでのロングランの目標）を立て、それに達成期限を設定し、さらに紙に書いておくことが目標の明確化には欠かせません。

ところが、達成期限の設定と紙に書くことをきちんとしている人は意外に少ないのです。それだけ多くの人は目標設定の重要性を認識していないからでしょう。

「目標設定が人生を左右する」ことを片時も忘れず、いくらでも書き直すことは自由ですから、毎週、目標設定の時間を作って達成期限を明確にすることで、人生は大きく好転していきます。

③自己資源の有効活用

全ての人が平等に持つ財産が3つあります。「時間」と「ことば」と「心」です。この3つをいかに有効に活用するかで、その人の一生は決まります。特に目に見えない「心」の活用次第で、他の「時間」と「ことば」の効果も大いに違ってきます。そのことを私は「心」は機関車、「時間」と「ことば」は客車、どんなに客車が立派でも機関車がまともに動かなければ、客車は役立たないと表現してきました。それだけに「心」の使い方には細心の工夫と努力を傾注すべきです。

この3要素の活用の仕方については、私は拙著でも繰り返し述べてきました。それを参考にしていただければと思います。


この3本柱をしっかり自分の人生の指針として持ち続けることができれば、人生をどこまでも有意義に過ごすことができるのではないでしょうか。

私の経験では、人生戦略を明確にしておけば、余計な悩みに襲われることなく、また他人の言動に右往左往することなく、マイペースで人生を歩むことができます。

第二節　毎朝の神仏への祈誓を通して目標を明確にする

拙著『田中真澄の88話』（ぱるす出版）は、社員研修や朝礼の場でよく使われていると同時に、講演を行う際の虎の巻としても重宝されているようです。あるコンサルタントの人は「この一冊があるおかげで講演がやりやすくなった」と語っていました。

また、ある講演家は「田中さん、こんなに講演のネタをばらしてもいいのですか」とも言っていました。私が長年の講演で紹介してきた事例の中でとくに評判の良かったものを選んで収録したものですから、そう言われるのはよくわかります。

しかし私としては、人の役に立つ事例ならば、これからもどんどん紹介して行きたいと思います。それが社会教育家を看板にしている私の務めだと考えているからです。

88話の中で、やれば効果てきめんの習慣でありながら、多くの人がやっていないのが第84話の「両親の笑顔」の項目で紹介している毎朝の祈誓《きせい》です。そのことを説明する前に肝心のその項目の一節を紹介しておきましょう。


「2007年、66歳で亡くなった麗澤大学教授の永安幸正氏は、最後の著書『経済の哲学～心が変わり物が変わる～』（麗澤大学出版会）で、こう述べています。

『私がいつも実行させていただいている心の行は尊敬している先人からヒントを得たもので、それを少し私なりに工夫して実行している。あお向けに寝てもよいが、椅子に腰掛けてもいい。椅子に深く腰掛けて、背筋を伸ばして椅子から離し、肩の力を抜き、両手を体のわきに垂らす。目線を水平にし、目を閉じて、両親の笑顔を思い浮かべる。浮かんだならば、次のように心に誓う。

「お父さん、お母さん、私は、いただいた能力を、これから十二分に発揮し、生きてゆきます」

誓うことは、古代では「ウケヒ」といって、神仏のほうに向き、神仏に誓う、神仏の問いかけと恵みに、応答する、という意味です。
この両親の笑顔に誓うという方法を行うと、澄み切った温かい心となれる。やましいことを考えているときには、笑顔が歪み、浮かばないことさえある。これは創造性の向上に役立ち、なにより心を落ち着け、整えるうえで、素晴らしい効果を発揮する」

永安氏は、この両親の笑顔を思い出しつつ神仏に誓うことの重要性を、早稲田大学教授時代の時から唱えていました。そのことを私は独立直後に知ることができ、以来、毎朝の習慣にしています、

神仏への礼拝の時に私と家内の両親の笑顔を思い出し、十分に頭の中でイメージしてから、両家の両親に感謝の意を伝え、あわせて目標を唱え、必ず目標を達成することを神仏に誓っています。

私は毎朝の日課として、神様にお水とお塩を捧げ、仏様にはお茶湯を捧げた後に祈誓を行っています。

私の祈誓は、永守氏の誓いの言葉に続いて、神様に対しては年間目標の達成を、仏様にはその日の目標を達成することを誓っています。こうすることによって、目標達成へのモ

チベーションを高めることができます。

永安氏の指摘のとおり、両親の笑顔を思い出すことで心が安らかになり、その状態で神仏に目標達成を誓うことで、怠惰な気持ちを排除でき、その日一日の目標を常に意識しながら仕事を優先順位に従って行うことができ、能率を上げられます。

この神仏へ祈誓を行う習慣を続けてきたおかげで、私は自分が立てた計画は予定どおりに実現してきましたし、他者との約束事は早め早めに達成してきました。

その結果でしょうか、出版社からは「田中に頼んだ原稿は、必ず約束の期限までに完成してくれる」との信頼を得ることができ、即時対応（クイックレスポンス）が私の特徴になり、そのことがいろいろな面でプラスの効果につながっています。

よく世間には期限を守れない人がいるようですが、そうした人に共通するのは、両親や神仏への誓いの習慣がなく、物事の処理に優先順位をつけ目標を立てて行うのではなく、その日の都合でやるという自分勝手な悪い習慣に流されていることです。

そうした悪い習慣を断ち切るには、やはり『田中真澄の88話』の第47話で紹介している「80＝20の法則（パレートの法則）」を活用することです。

この法則についてはできるだけ私の講演では必ず話すことにしています。繰り返しになりますが、初めての方にもう一度、説明しておきましょう。

スイス・ローザンヌ大学の経済学教授であったイタリア人のヴィフレド・パレートは、1897（明治30）年、19世紀の英国における資産の分布を調査している時に、わずか上位20％の人たちに資産総額の80％が集中しているという富の分布の不均衡に法則性があることを発見しました。

さらにパレートは、この法則性が、時代を超え国を超えて、あらゆる事象に認められることをデータ上で再確認したのです。

その後、この法則は仕事の処理でも有効であることが一般的に知られるようになりました。つまり、仕事にウエイトづけ（重みづけ）をし、緊急度・重要度の高い順に優先順位をつけ、その上位20％の仕事が処理できれば、全体の80％の仕事ができたことと同じ価値があるということがわかったのです。

私はこの法則を日経マグロウヒル社出向中の後半の時期に知りました。当時、私は同社の販売部の責任者の他に、調査開発室の責任者も兼務し、さらに同社の関係会社日経マグロウヒル販売株式会社の取締役営業部長の役職も担うという1人3役の立場にありました。多くの仕事は信頼するスタッフにその処理を任せていましたが、それでも私が直接タッチしなければならないと考えていた仕事が山積していました。

その時に、パレートの法則を知りました。そしてこの法則を用いて、重要な仕事以外は思い切ってすべてを周りのスタッフにその処理を任せる仕組みを作りました。そのおかげで、多忙でもストレスをためることなく、過ごせるようになりました。

この経験があったことで、独立してからも、できるだけアウトソーシングの機能を活用して、私がしなくてもいい仕事は、どんどん外部に任せることにしましたが、それでこれまでに困ったことは一度も起きていません。

物事に優先順位をほどこし、上から20%は必ず処理するという目標を立ててから行うという方法は、今ではビジネスマンの常識になっています。それでもこの目標設定をしないまま、すぐ仕事に取り掛かる人が何と多いことでしょうか。

そういう人は優先順位感覚が乏しいと言えます。それではいつまで経っても、人に信頼されるような仕事ができず、自分の潜在能力を発揮することもできません。それだけではなく長くなった定年後の人生を有意義に過ごすことができません。そうならないためにも毎朝の神仏への祈誓において優先順位をつけた目標を唱える習慣をつけることです。昨今では神棚も仏壇もない家庭が多いようですが、せめて神棚だけでも設けて、祈誓ができる環境を整えたいものです。そのことによって人生が大きく好転することは間違いないのですから。

第三節　深く穴を掘れ！　穴の直径は自然に広がる

これまでこの本で度々紹介してきた「深く穴を掘れ！　穴の直径は自然に広がる」は、通販会社「やずや」の創業者・故矢頭宣男氏が大切にした言葉でもあります。

実は生前の矢頭氏は、福岡市で行われる私の公開講演会に幾度も参加され、それがご縁で、私も会社にも招かれたり、仕事の現場を見学させてもらったりして、氏が行っている経営の実態を間近に見聞させてもらったものです。

その折、この言葉は、私の主張する「一点集中、こつこつこつこつこつ」の方針に相通じるものであり、また氏の経営方針の根幹でもあるとお互いに認識し合ったものです。

したがって、私はこの言葉を早くから知っていました。最近はブログやツイッターなどのＳＮＳを通じて、あるいは「やずや」のその後の繁栄から学ぶ人たちから、この言葉は広く世間に流布されるようになりました。

一方、「穴は深く掘れ、直径は自ずから広がる」と言う言葉も知られています。これは元九州電力会長・元九州経済連合会々長の松尾新吾氏が2010年8月号の月刊誌『致知』の特集「思いをこめる」で紹介したことから、それが次第に読者から一般の人へと広まったものですが、この2つの言葉は同義語と言えます。

松尾氏は記事の中で、次のように述べています（概略）。

「若い頃は人づき合いが苦手であったため、同僚たちに溶け込めることさえ不安に感じていた時に、この言葉に出会いました。そしてこう解釈したのです。

穴を深く掘れとは、仕事を一所懸命深掘りすることだ、

直径とは人の輪・交流を指すのだと。

自分は人との交流は苦手だから、とにかく仕事を懸命にやろう、それなら自分にもできると考え、仕事に対して懸命に打ち込んでいるうちに、それこそ自然に人づき合いも上手になっていったのです」

氏はこの経験から、人を見るひとつの物差しとして、この人は自分の仕事を深く掘り下げようとしているのか、直径だけを広げようとしているのかの基準で人を判断できるとしているようです。

また、この言葉は私が唱えている「ひとつの専門を極めれば、次第にいろいろことに精通してくる」という「一専多能」の意味としても解釈できます。したがって仕事を担当したら、まずその道のプロになるほど当面の仕事に全身全霊で打ち込むことが、最も賢明な生き方と言えるのです。

その一所懸命な生き方を周りの人も世間の人も黙って見ており、「この人物は勤勉な人だ」と受け止めた時から、人が寄ってくるようになります。その現象を「直径は広がる」と理解することもできます。

これは、顧客獲得のマーケティング上でも言えることです。

２０１３年6月24日号の『日経ビジネス』の「熱狂顧客の育て方～成熟市場でもヒットを飛ばす会社～」の特集の中でこう書かれています。

「顧客や用途を絞れば、その分獲得できる市場は小さくなる。商品を生み出す際、多くの担当者はこんな不安に駆られ、つい用途やターゲットを広げがちだ。だが、それらを広げると焦点は定まらず､結局は〝誰の方も向いていない商品〟しか作れない。万人に向けず、あえて機能やターゲットを絞って､顧客が『これは私のためにある』と思える商品を作る。熱烈なファンを獲得するには、この覚悟が必要だ」

そして同誌は「熱狂顧客」を作ることに成功している事例を3つのポイントに絞って紹介しています。

1、顧客は育てるもの

アウトドア商品を手掛ける「スノーピーク」社。

年間購入額別に会員をレギュラー会員からブラック会員まで5段階にランク分けし、上位になるほどポイント付与率が高く、ランクが上がる楽しみがある。

一時のブームに左右されず、顧客を計画的に育てている。

2、規模よりも密度

赤字続きだったプロ野球の「埼玉西武ライオンズ」社。

できるだけ多くの人にファンになってもらって、球場に足を運んでもらうというのが一般的な戦略だが、同社はファンクラブに入っている熱狂的なファンに的を絞り企画を連発。

その人たちが何度も球場やイベントに来場することで、経営も落ち着き、徐々にそのファンクラブの人たちの周辺の人も巻き込むようになった。

3、万人に売るべからず

２００７年創業の婦人服通販会社「ドゥクラッセ」社
対象を40代～50代と掲げ、「首のたるみ」や「更年期の体温調節」など、加齢の悩みを解消するための機能を前面に打ち出した商品を開発。
あえて狭い顧客層に販売し、リピート率６割超という、驚くべき数字を残している。

「熱狂顧客」という表現は当たらないかもしれませんが、私がかつて勤務した日本経済新聞の読者も、新聞購入の顧客としては日本一の良質さです。

１９５９年の４月に日経に入社した私たちは新人は、研修として都内の日経専売店で新聞配達・集金・拡張の仕事に１カ月従事し、一連の新聞販売の現場体験をしました。私はこの体験を通じて、日経の読者の質の高さを実感しました。当時のわが国の就業構造は自営業主層とサラリーマン層の割合は半々でしたから、現在のサラリーマン層が90％の時代とは、現場の様相もかなり違っていました。

当時の日経の読者は、社会的に成功者と見なされる人たちでしたから、集金に行くと金払いが良く、しかも継続率も高く、人間的にも良質な人々でしたから、嫌な気分にさせられたことは一度もありませんでした。

読者のこの傾向は現在でも基本的には変わっていませんから、日経は良客に恵まれており、経営的には新聞社の中でも最も安定しているはずです。ですから、地方に多い複合専売店（系統本紙の他に別の新聞も扱う店）では、当時、日経を扱うことが店格を示すステータスにつながっていました。そのことは今日も変わっていないはずです。

そういう経験をしてきた私は「商売は良客の数で決まる」の言葉は真実であると感じています。そのことから、「どんな事業も良い顧客に好かれるような仕事ぶりが絶対条件である」と、私はこれまで唱えてきました。

その条件の中でも、まず自分の仕事に誠心誠意打ち込むことと良い商品を扱うことが第一条件であり、この2つが実行できれば、必ず人生は開けてくるのです。そのことがわかれば、「深く穴を掘れ、穴の直径は自然に広がる」の意味が真実であることにも気づいていきます。

自分を磨き、良い商品を扱い、誠心誠意の仕事ぶりで生きていれば、どんな時代になっても、世間はその人を支持し、応援してくれることは間違いのないことです。

第四節　家庭は良き生活習慣を継続実行する道場なり

人を教育する場は、家庭と学校と社会の3つであることは自明のことです。その中でも家庭教育の重要度が最も高く、とくに心構え教育（＝人間性・人間力の教育）は専ら家庭の責任で行われるべきものなのです。

ところが、この認識をもたない両親が最近は激増し、なかには教育はすべて学校に責任があると勘違いしている親たちが存在することが今の日本の大きな課題です。

最近の発達心理学では、人間性は従来の気質・性格が表面に出てきたものと考えるのではなく、人間性は「心構え」を磨くことで変革できるものとされてきています。

その「心構え」は普段の行動と考え方の習慣によって形成されることから、習慣を良くすることで、良き「心構え」が形成でき、それが良き人間性を身に付けることにつながっていくわけです。ですから、家庭における良き習慣の実践が人生において最も大切なことになるのです。

福澤諭吉は「一家は習慣の学校なり」と述べていることは既に紹介しましたが、さらにこうも言っているのです（『福沢諭吉家族論集』岩波文庫）。

『子に学問を教えんと欲せざる者なし。而してそのこれを教うるの方法を如何と聞けば、学校に寄宿せしめたりとていかにも安心せるものの如し。案ずるにこの輩は、学問は数を学び文字を知ることと心得て、知字はただ学問の一部たるの旨を忘れたることならん。知らずや、習慣の力は教授の力よりも大なるを。知らずや、子供は家にありて早くその習慣を成すものなるを。知らずや、父母の教えは学校教師の教えよりも深切なるを』

この福沢諭吉の「子供は家にありて早くその習慣を成すものなるを。父母の教えは学校教師の教えよりも深切なるを」の指摘は、永遠に変わらぬ真理です。

家庭における良き習慣が良き心構えを作り、その心構えが知識や技術をリードしていく能力であるいう能力論は、今や基本中の基本の考え方であり、そのことを無視して人生を語ることは不可能です。

ところが「心構え」が能力であることを理解していない人が未だに多いのです。そこで私は講演の際にはダルマを見せ、ダルマは横に倒してもすぐ起き上がるのはなぜかを問い、その答えはダルマの内部の底辺に大きな鉄塊が付いていることを説明し、実際にダルマの内部を見せながら、こう語りかけています。

「この鉄塊の重さはダルマ全体の重量の80％を占めています。だから何度ダルマを倒しても、すぐに起き上がることができるのです。同様に、私たちの『心構え』という能力は全能力の80％を左右する力があるのです。

しかもこの『心構え』は毎朝、ゼロから作り直す能力です。もし『心構え』を形成する良き習慣を欠かせば、能力＝心構え×知識×技術、という掛け算の式で能力は示されますから、心構えがゼロになることで、全体の能力もゼロになります。

逆に、毎日、良き習慣を実践し『心構え』を鍛えていれば、他の能力も向上し、いい人生を導くことになっていきます。このように考えることで、『心構え』の重要性をしっかり認識すると共に、良き習慣を継続実行することが大切です」


私が結婚した翌年の1963年『わが家の教育基本法』のタイトルで、日経から刊行されたこの本は、日経の家庭欄に子育てについて財界人・教育者・文化人など各界の著名人83名が寄稿した2年間の連載記事がまとめられたものです。

この本を私と家内は間もなく生まれてくる子供のために真剣に読み、二人で自分たちの家庭における子育て法を話し合いました。この本は私たち夫婦に大きな気づきを与えてくれましたので、今も我が家の本棚に備えてあり、時折読み返しています。

当時の私たちは27歳の若さでしたから家庭教育について十分な知識も体験もありません

でした。それだけにこの本で得た諸先輩の経験談は、どれもが貴重な教えになりました。

その中でも、家庭における日常の生活習慣がいかに大切であるか、良き習慣の奴隷になるという覚悟の重要性を知ることができました。

そのおかげで、その年の秋に生まれた長女、4年後に生まれた長男の教育については、夫婦共々に同じ認識で臨むことができたように思います。幸いにも大正3年生まれの家内の母が同居していましたので、戦前から大切にしてきた日本伝来の家庭における良き習慣は、この義母の協力の下に、子供たちにしつけることができました。

それから、この本の吉野俊彦氏（＝東大法学部卒業後、日銀の理事から山一證券の会長を務め、傍ら森鷗外・永井荷風の研究でも多くの研究書を残している）の「万能型より個性型」の家庭教育論が私たちの考え方に大きな示唆を与えてくれました。

吉野氏はこう論じていました。

『私が絶えず家内に望んでいることは、広く浅くという式の人間をつくらないようにしてもらいたい、ということである。人間には、歴史がきらいな型もあれば、数学がきらいな型もあるのであって、このような個性を抑圧して、なんでも一通りできるという平凡な人間をつくるよりも、むしろ個性をできるだけ活かして、なんでもいいからその道をきわめるという特色のある人間に仕立てることが、大切だというのが私の信念なのである』

私も家内も子供の教育については、この吉野氏と同様に考えていましたので、2人の子どもに対しては、それぞれ個性に応じた教育をしていくことにしました。

長女は、幼稚園の先生が驚くほどの音感の鋭い子でしたから、迷うことなく音楽の道へ進むように配慮し、音楽大学の付属中学に入れ、そのまま付属高校、大学へと進学させました。大学卒業後、本人はオランダの音楽院への留学希望を叶え、7年間のさらなる専門教育を受けた後、帰国して母校の大学で講師となりました。しかし、本人はヨーロッパのバロック音楽界で活動したいと再び渡欧しました。今ではイタリアのミラノに定住、プロのリコーダー奏者・指導者としてヨーロッパはもちろん、最近は日本にまで活躍の場を広げてきています。

一方、長男は物事を理詰めで探求していく性格でしたから、学者の世界に向かうのが適しているのではと判断、本人の希望も聞きながら中高一貫教育の学校に進学させました。その後は最も学者を輩出している大学に入学、以後、大学院で修士・博士の課程を、さらにドイツの大学院で修士課程を経た後、帰国して大学の准教授、そして現在は大学教授の立場にあり、学者としての研究と大学教育に従事しています。

こうして子どもたちの個性を生かし、それぞれが希望する道を歩ませることができているのは、私共夫婦を含めて家族で良き生活習慣を日々実践し、当たり前の習慣を軽視することなく、こつこつと地道に努力するという習慣を身に付けていった結果であろうと、過去の生活を振り返って結論づけています。

こうした私の実体験から、「人生成功の決め手は良き習慣の継続実行なり」と断言できるようになりました。したがって、良き習慣を軽視したり馬鹿にしたりする人を見かけると、その人の先の人生がうまくいかないであろうことが予見できるのです。

第五節　36年間の独立人生を歩んできた私が最も共感したある調査報告

１９２１（大正10）年、アメリカのスタンフォード大学教授ルイス・ターマン博士は、当時10歳前後のカリフォルニア州在住で、小学校の先生が選んでくれた優秀な児童１５２８人を対象に、彼らの性格や生活状態と長寿の間にどんな関係があるのかという前代未聞の、しかも長期間の生涯調査をスタートさせました。

最初に対象者全員の健康状態や性格を調査分析し、続いて家庭と学校における生活実態を詳細に調べました。そして、以後５〜10年おきに彼らに面接し、インタビュー形式でその後の彼らの生活振りを調べるという作業を重ねていったのです。ターマン博士の死後は、カリフォルニア大学リバーサイド校心理学教授ハワード・フリードマン博士とラ・シエラ大学心理学教授レスリー・マーティン博士によって、その調査は継続されました。

そして足掛け80年間にわたるこの長年月の研究結果が、２０１１年に『ＴＨＥ　ＬＯＮＧＥＶＩＴＹ　ＰＲＯＪＥＣＴ』という日本語で言えば『長寿計画』というタイトルの本として、ニューヨークのＨＵＤＳＯＮ　ＳＴＲＥＥＴ　ＰＲＥＳＳ社から刊行されました。

私はこの出版情報を知り、すぐアマゾンを通じて原書を取り寄せました。

この本は、「長生きできる方法」ではなく「長生きする生き方」を検証したものと言えます。人はどうすれば長生きできるのか、その方法についてはこれまでに多くの人が語ってきました。しかし長寿と個人の性格や生活実態とがどう関わっているのかということを具体的な事例で調べた調査は、この80年に及ぶ追跡調査が初めてのことでした。そして多分、このような長い年月を要する調査は今後もなされることはないでしょう。

これまで長寿を保つには、定期的な医療検査、適度な運動、健康補助食品摂取の必要性などが盛んに論じられてきました。ところがこの調査によると、これまで長寿の原因とされてきた幾つかの常識が覆されるという結果が出てきました。

70歳を超えて健在の高齢者には、ある共通した性格があることが判明したのです。その性格とは「conscientious」という言葉で表現されたのです。この言葉を一般的な日本語で翻訳すると「勤勉」「真面目」「誠実」「念入り」などとなり、これを心理学の用語では「勤勉性」「誠実性」「良識性」という言葉で表現されています。

調査結果を提示したフリードマン博士は次のように述べています。

「70歳以上生きた対象者の幼少期の性格診断のデータをひもとくと、『陽気で面白い』『学校の人気者』と評価される人より、『親からの信頼が厚い』『間違ったことをしない』『ルールを守る』など、いわゆる『優等生』の印象をもたれた人間のほうが圧倒的に多かった。いわゆる楽観主義の人間は、『まあ大丈夫だろう』という慎重さに欠ける判断をあらゆる場面で下している。その積み重ねが、健康を害する習慣につながったり、『社交的な人気者』と教師から評価された人の中には、大人になってから、人づきあいの手助けとなるアルコールやタバコが過剰摂取気味になり、早死につながった事例も多い」

フリードマン博士は、幼児期から分別があり、目立ちたがりでもない「真面目」な人間ほど、成人後も堅実で健康的な生活を送っているケースが多いと指摘したのです。

つまり、この調査によって、「勤勉性・誠実性」に富む性格が長寿をコントロールする非常に重要な要素であることがわかりました。

私はこの調査がもたらした結論を知り、大きな安堵感を覚えました。なぜならば、私が36年間訴えてきたことは間違いではなかったことを、この調査が証明してくれたからです。

これまで私は、講演でも著作の中でも「勤勉に生きる」ことの大切さを幾度も訴えてきました。快楽志向に流されず、勤勉志向で生きていれば、高齢者になっても周りの人が仕事をもってきてくれるから、勤勉家に徹することは立派なプロフェッショナルであること、そのことが人の健康を維持していく最大の要素でもあると言ってきました。

実際に世の中を広く見渡してみると、定年後も健康で仕事に恵まれている人は、総じて勤勉家です。それだけ「勤勉」であることは、超高齢社会において幸せな人生を送る切札であると言えるのです。

幸いに、日本人はもともと勤勉な性格の持ち主が多い民族です。それは海外で生活した人なら誰もが認めます。これまでの日本人は、余暇を楽しむよりも仕事に打ち込むことを良しとしてきました。最近の若い世代には、それが逆転して勤勉より快楽を選ぶ人が増えていますが、それでもまだまだ日本人は外国人よりも相対的に勤勉な性格を保持しています。

だからこそ、今の日本人の男女平均寿命は世界一であり、トップの長寿国としての栄誉に輝いているのです。

この栄誉を私たちはできるだけ保ち続け、併せて老後も生き生きと働き続ける人生を送ることにつなげていきたいものです。

そのためには、私がこの本で繰り返し主張してきた勤勉な生き方に徹し、その日一日を一所懸命に誠心誠意の気持ちで仕事に打ち込むことだと思います。

その勤勉な態度は、必ず誰かの目に留まり、その噂が次第に周りの人々に伝わって行くことになります。それが重なって、いつしか自分を支えてくれる独自のマーケットが形成されていくのです。

そのことを断言できるのは、私のこれまでの人生がそういうパターンであったからです。自分で言うのはおかしいかも知れませんが、学校時代からサラリーマン時代、そして独立してからも、私はずっと勤勉家として生きてきました。

決して要領のいい人間ではなく、周りの人々が困っているのを黙って見逃すことができず、いつもそうした人を助ける側に立つ人間だと思います。そのことによって、短期的に見れば損な役割を担うこともありましたが、長い目で見れば、すべてのご縁が、私のためにプラスに働いていています。

私は、次の柳生家の家訓をこれまでの拙著で紹介してきました。

「小才は縁に会って縁に気づかず、
　中才は縁に気づいて縁を生かさず、
　大才は袖振り合う縁をも生かす」

この「縁」をどう生かすかで、その人の人生は決まります。ですから、恩を忘れず報恩に生きる人は、多くの引きを得ています。

老いも若きも、独立して成功していく人に共通するのは、報恩の気持ちをいつまでも忘れずに、しかも仕事に一所懸命打ち込んでいることです。

逆に、人様からの引きでうまく成功の軌道に乗ると、最初のご縁を忘れて、自分ひとりの力で成功したと勘違いしている人もいます。こういう人は次第に縁に恵まれなくなり、気がつけば、成功の軌道から大きく外れていっています。

以上のことは、私も含めて事業を営む人は決して忘れてはなりません。

田中真澄・著者紹介

経　歴

１９３６年　福岡県に生まれる。
１９５９年　東京教育大学（現・筑波大学）を卒業し、日本経済新聞社に入社。企画調査部、販売局、社長室、出版局の各職場で14職務を担当。
１９６９年　日経とアメリカマグロウヒル社との合弁出版社・日経マグロウヒル社（現・日経ＢＰ社）に出向。同社調査開発長ならびに日経マグロウヒル販売（現・日経ＢＰマーケティング）取締役営業部長として活躍。
１９７９年　日本経済新聞社における20年間の勤務に終止符を打ち、独立。有限会社ヒューマンスキル研究所設立。新しい形の社会教育家を目指し、日本初のモチベーショナルスピーカーとして活動を開始。『週刊東洋経済』誌8月17日号の若手講師ランキングにおいて、ナンバーワンに選ばれる。
２００５年　ベンチャービジネス団体の「1万円出しても聴きたい講師」上位10名の中に選ばれる。

講　演

スピーディな語り口、豊富な板書、パワフルなパフォーマンスの3つの技を用いて、体系的にわかりやすく真剣に訴える熱誠講演は、多くの人々に生きる勇気と希望と感動を与え続けている。
講演は、あらゆる職種・業種・年代の人々を対象に行われている。

メールアドレス　masumit@rapid.ocn.ne.jp
ホームページ　http://www.pulse-p.co.jp/tanaka/index.asp

田中真澄・著書一覧

2006年以降の主な著書は次のとおり（累計91冊執筆）

『人生を好転させる　情熱の人生哲学』（ぱるす出版）
『感動の〝初動教育法〟』（ぱるす出版）
『田中真澄のいきいき人生戦略』（モラロジー研究所）
『信念の偉大な力』（ぱるす出版）
『あいさつ教育』（ぱるす出版）
『超高齢社会が突きつける　これからの時代の生き方』（ぱるす出版）
『田中真澄の実践的人間力講座』（ぱるす出版）
『正社員削減時代をどう生きる?』（ぱるす出版）
『やる気再生工場塾』（ぱるす出版）
『田中真澄の88話』（ぱるす出版）
『人生は今日が始まり』ポケットサイズ（ぱるす出版）
『人生の勝負は後半にあり』（ぱるす出版）
『百年以上続いている会社はどこが違うのか?』（致知出版社）

CD4枚組『積極的に生きる』（ぱるす出版）
日めくりカレンダー『人生は今日が始まり』（ぱるす出版）

100歳まで働く時代がやってきた

平成27年 9 月25日　初版第 1 刷
平成29年 9 月16日　初版第 3 刷

著　者　　田　中　真　澄
発行者　　春　日　　榮
発行所　　ぱるす出版 株式会社
東京都千代田区内神田1-7-4　晃永ビル2F　〒101-0047
電話（03）5577-6201（代表）　FAX（03）5577-6202
http://www.pulse-p.co.jp
E-mail info@pulse-p.co.jp

カバーデザイン　ヨシノブデザイン

印刷・製本　ラン印刷社

ISBN 978-4-8276-0239-5　C0011